我国货币存量的扩张及其与通货膨胀的关系研究

徐源浩　孔　颖　董煜然 ◎ 著

中国书籍出版社
China Book Press

图书在版编目（CIP）数据

我国货币存量的扩张及其与通货膨胀的关系研究 / 徐源浩, 孔颖, 董煜然著. -- 北京：中国书籍出版社，2024.1

ISBN 978-7-5068-9797-6

Ⅰ.①我… Ⅱ.①徐…②孔…③董… Ⅲ.①货币供给量—研究—中国②通货膨胀—研究—中国 Ⅳ.

①F822

中国国家版本馆CIP数据核字（2024）第044732号

我国货币存量的扩张及其与通货膨胀的关系研究

徐源浩　孔　颖　董煜然　著

图书策划	成晓春
责任编辑	毕　磊
封面设计	博健文化
责任印制	孙马飞　马　芝
出版发行	中国书籍出版社
地　　址	北京市丰台区三路居路97号（邮编：100073）
电　　话	（010）52257143（总编室）　（010）52257140（发行部）
电子邮箱	eo@chinabp.com.cn
经　　销	全国新华书店
印　　刷	天津和萱印刷有限公司
开　　本	710毫米×1000毫米　1/16
字　　数	170千字
印　　张	9.25
版　　次	2024年8月第1版
印　　次	2024年8月第1次印刷
书　　号	ISBN 978-7-5068-9797-6
定　　价	65.00元

版权所有　翻印必究

前　言

本书旨在研究我国货币存量的扩张机制以及我国 M2 与通货膨胀的关系。

按照我国中国人民银行法的规定，我国央行政策的目标是："保持货币币值的稳定，并以此促进经济增长"，即在保持币值稳定的前提下，促进经济增长。其中，保持币值稳定涉及对通货膨胀的控制，而控制通货膨胀的方法则是控制货币总量（M2），其依据是弗里德曼的名言："一切通货膨胀都是货币现象"，意味着货币存量与通货膨胀是正相关的关系，M2 增加，通货膨胀率必然上升；反之，则相反。所以，我国的货币又是以 M2 为中介目标的，但是，长期以来，我国的 M2 与通货膨胀的关系并非正相关关系，而经常是相互背离的，即 M2 增加所导致的，不是通货膨胀率的上升，反而是通货膨胀率的下降。两者之间的这种背离关系被称为"中国之谜"。本书认为，"中国之谜"难以用西方传统的货币外生理论来解释，货币外生理论的假设前提与应用条件在中国经济现实中都难以适用。我国内生的货币扩张过程决定了 M2 与通货膨胀率的背离关系只能从货币内生理论角度来解释。

首先，本书分析了货币外生论在应用中的一些瑕疵。货币外生论以货币数量方程为基础，该方程的公式是：

$$m' = p' + y' - v'$$

在该方程中，产出 Y 往往被视为 GDP 的代理变量，但实际上 Y 所代表的是实际的（剔除价格水平后）按一般等量单位计算的产出数量。GDP 的代理变量应该是 PY，而非 Y，该瑕疵在西方发达国家经济体的应用中被其经济增长（y'）较小的现实所掩盖，但将其运用到经济增长远高于西方发达国家的中国经济中时，原来应用中的瑕疵就被扩大成为结论中的错误，导致所谓的"中国之谜"。

其次，本书对我国货币政策实施过程进行了分析，在过去经济发展过程中我国货币发行主要是以被动为主，央行难以控制 M2 的增长。而实际上，从央行货币政策操作角度来看，央行也并没有控制 M2，其控制目标是在通货膨胀，M2 增长过程更多地体现为内生过程。基于此，本书从货币内生角度建立了货币需求函数，并对我国 M2 的扩张原因进行了实证研究。研究结果显示：（1）固定资产投资是导致 M2 快速增长的最重要原因。公共基础设施投资和房地产市场在中国经济发展过程中起到了重要的拉动作用。（2）M2 与 CPI 的"背离"关系不仅仅是由于货币政策的滞后效应，更多的是由于投资对消费产生了"挤出"效应。（3）我国货币供应更多地表现为内生而非外生。

最后，本书对 M2 增长与通货膨胀关系进行了分析，从国际视野来看，M2 增长与通货膨胀关系并没有始终保持一致的正向关系，在发达国家（例如美国、日本）将货币存量作为货币政策中介目标的时期内，资本市场、房地产等内生因素对 M2 与通货膨胀的关系发挥了主要的作用。本书基于一个货币循环理论对 M2 与通货膨胀的关系进行了研究，认为在货币内生理论中，投资是经济活动的第一推动力，投资带动了货币存量的增长，同时带来消费和储蓄，其对需求和供给的拉动作用，影响着价格水平的变化。M2 与 CPI 的关系只存在统计意义上的关系，实际上 M2 的增长与通货膨胀是通过投资作为中间变量传递的。

基于上述分析，本书在弗里德曼货币需求函数基础上通过引入资产存量作为内生变量，对投资、货币存量和通货膨胀的关系进行了实证分析，实证结果显示：（1）固定资产投资是通货膨胀的原因，其具有短期的通货紧缩效应和长期的通货膨胀效应。（2）M2 不是通货膨胀的原因，其通货膨胀效应与固定资产投资相似。在内生条件下，固定资产投资是 M2 扩张的主要原因，因此 M2 与 CPI 的关系主要是通过固定资产投资来体现的。

根据实证研究发现，与传统理论分析不同的是我国固定资产投资具有短期通货紧缩效应。本书基于我国经济发展的特殊性对该现象进行了分析。本书认为：一方面，在房地产日益成为居民和企业经济活动重心的驱使下，房地产价格的不断上涨会对居民和企业的消费产生"挤出"效应，并通过实证检验证实了房地产销售具有短期的替代效应和长期的财富效应；另一方面，产能过剩已经成为我国经济所面临的最突出问题之一，在产能过剩的背景下，投资对需求的拉动作用短期内会被过剩的产能所抵消，从长期看其对价格的拉动作用才能表现出来。本书认为投资分别对需求和消费拉动的长短期效应，共同造成了投资的短期通货紧缩和长期通货膨胀效应，这是形成我国 M2 与通货膨胀"背离"关系的主要原因。

综合理论和实证的分析，本书从内生理论角度对"中国之谜"产生的原因和机理进行了解析，认为理解我国 M2 与通货膨胀的关系应该从投资角度入手，投资作为 M2 与通货膨胀的中间变量，传递了二者之间变化的关系。另外，一直以来 M2 与通货膨胀的关系大多以"货币政策的滞后效应"来解释，但是滞后效应本身意味着 M2 与通货膨胀之间的正相关关系，这与我国现实是相悖的。实际上我国 M2 与通货膨胀在短期具有负向关系，该关系是由固定资产投资的短期通货紧缩效应造成的。传统理论认为财政刺激政策对于通货膨胀具有完全的正向效应，因此当出现通货紧缩时，大规模的财政刺激政策可以有效改善通货紧缩的现状，使价格回到正常水平。然而本书发现，固定资产投资在短期内具有通货紧缩效应，那么实施大规模的财政刺激政策可能导致进一步的通货紧缩，根据传统理论的传导机制，可能将该现象误认为"刺激不足"，从而推出更大规模的刺激政策，导致过度刺激。

最后，本书针对研究结论给出了政策建议：（1）保持资产价格平稳缓慢地上升或许是实现房地产市场调控和合理控制通胀的有效手段。（2）应重视固定资产投资的短期通货紧缩效应，避免由于对经济指标的错误解读而引发过度刺激。（3）在实施财政政策的过程中应该采用更加平滑的刺激方式，避免大规模的财政刺激在短期内造成严重的通货紧缩。

作者在撰写本书的过程中，参考了大量的学术文献，得到了许多业内专家学者的指导，在此表示真诚感谢。本书包含内容涉及面较广，写作时力求逻辑清晰、鞭辟入里，但由于作者水平有限，书中难免有疏漏之处，希望广大同行及时指正。

作者

2023 年 10 月

目 录

第一章 绪 论 1
第一节 研究背景、研究意义、研究目标与方法 1
第二节 相关概念 6
第三节 文献综述 9
第四节 技术路线与结构安排 20
第五节 创新与不足之处 21

第二章 相关理论 23
第一节 货币存量扩张理论：外生论与内生论 23
第二节 通货膨胀理论及相关研究 36
第三节 货币增长与通货膨胀的关系理论 42

第三章 我国 M2 扩张原因 46
第一节 M2 扩张的传统解释 46
第二节 M2 扩张的内生性解释 48
第三节 我国货币总量扩张的内生性和外生性辨析 59

第四章 我国 M2 扩张原因实证研究 73
第一节 数据说明 73
第二节 基于 SVAR 模型的 M2 扩张原因实证分析 74
第三节 稳健性检验 82

第五章　我国 M2 的扩张与通货膨胀关系分析 ·············· 86
第一节　M2 与通货膨胀关系的国际比较 ················ 86
第二节　通货膨胀成因的传统解释 ···················· 92
第三节　内生货币条件下通货膨胀形成原因 ·············· 97

第六章　我国 M2 与通货膨胀关系的实证分析 ·············· 101
第一节　基于 SVAR 模型的 M2 与通货膨胀关系的实证分析 ···· 101
第二节　投资与通货膨胀关系分析 ··················· 112
第三节　基于货币内生视角的"中国之谜"解析 ············ 118
第四节　"过度刺激"的形成机制分析 ················· 120

第七章　结论及政策建议 ··························· 122
第一节　结　论 ······························ 122
第二节　政策建议 ···························· 125

参考文献 ·································· 127

后　记 ···································· 138

第一章 绪 论

本章主要对我国货币存量的扩张及其与通货膨胀关系的研究背景、研究意义、研究目标与方法做了详细介绍，对其概念、文献综述、技术路线和结构安排做了相关阐述，并说明了创新与不足之处。

第一节 研究背景、研究意义、研究目标与方法

一、研究背景

（一）"中国之谜"

我国 M2 一直保持高增长，并且与通货膨胀长期保持着"背离"关系，被视为"中国之谜"。过去 10 多年，中国高速增长的 M2 与通货膨胀之间的不匹配关系已经成为显而易见的事实。一直以来我们都有一种直觉，认为货币存量的增加是"中央银行不断地发行货币"导致的，而中央银行超量发行的货币最终会形成通货膨胀。这样一种直觉其实并不奇怪。在世界经济史中，从中央银行出现开始，恶性通货膨胀就是由于央行过度地印发纸币用于弥补财政亏空，最终导致价格水平的迅速上升，西方主流经济理论认为货币增长与通货膨胀具有正向相关性，这是对于货币存量与通货膨胀的一种历史记忆，也是对二者关系的一种普遍认知。然而与该直觉相悖的是我国 M2 与 CPI 之间一直保持着一种"背离"关系。一方面，一直以来，我国超高的 M2 增长率并没有引起高通货膨胀，这种现象被中外学者称为"中国之谜"；另一方面，我国 M2 与通货膨胀不仅没有保持正相关关系，二者的增长率甚至还呈现出类似"对称"的背离关系。这种现象违背了传统

理论中对货币存量和通货膨胀关系的认识,引发了学者们对于未来高通胀的担忧,以及对该问题的讨论。

(二)货币内生与外生理论一直存在较大争议

目前对于二者关系的研究,大多基于货币外生论的角度。从货币数量方程出发:

$$MV=PY \qquad (1.1)$$

式中 M 代表货币存量;V 代表货币流通速度;P 代表价格水平;Y 代表产出量。式(1.1)等式两边取对数求导可得:

$$M'+V'=P'+Y' \qquad (1.2)$$

货币外生论认为货币存量由中央银行决定,假设在短期内产出(Y)与货币流通速度(V)不变,货币存量(M)的增加最终会反映到价格水平(P)上,形成通货膨胀。根据该理论,M' 与 P' 之间应该存在正相关关系,但实际上我国货币存量与通货膨胀之间长期保持着"背离"关系,如图 1-1-1 所示。

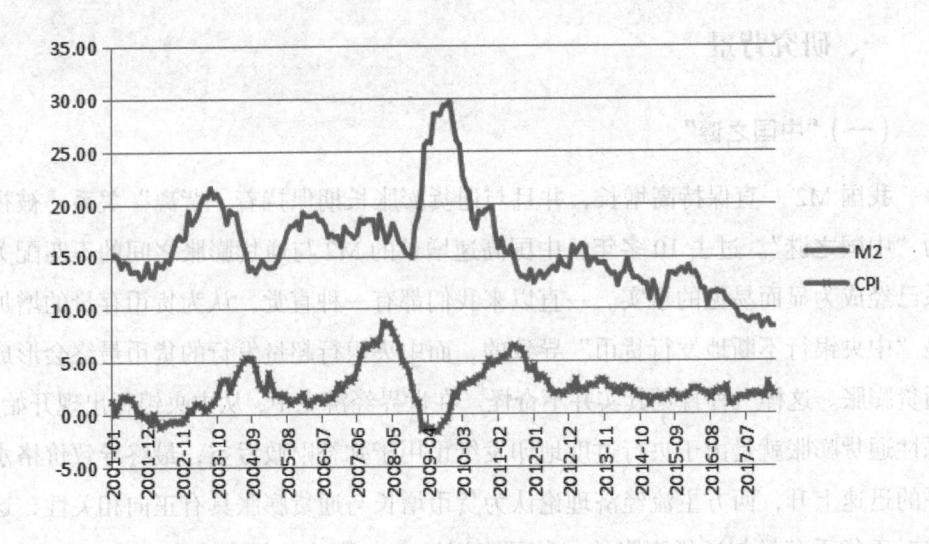

图 1-1-1 我国 M2 与通货膨胀关系

实际上,在将式(1.2)应用到经济现实情况的过程中,大多研究都存在一些瑕疵:式(1.1)中 Y 代表经济总产量,而 PY 代表经济总产值。在这里 Y 是剔除价格水平后,由经济活动中所抽象出来的一般等量单位的产出数量,PY 代表由价格衡量的经济总产值。在现实中，我们可获得的数据大多是由价格衡量的量，例如 GDP，工业增加值等，其变化率应由 $(PY)'$ 所代表而非 Y'，但在实际应用中我们往往用 GDP 等指标来代表 Y'，这致使在实证中造成了一定的由多重共线性所引起的偏误。恰巧这样的偏误被货币外生论"短期内产出不变"的假设前提所掩盖，当 Y' 与 V' 较小时，M' 主要反映在 P' 上，这是符合西方发达国家情况的。但若将其运用到中国现实情况时，中国经济中 Y' 较高，则会导致原本在西方经济应用中较小的瑕疵被放大出来，产生了所谓的"中国之谜"。

（三）M2"被视为"我国货币政策的中介目标

改革开放以来，在特有的资源禀赋基础上，我国经济增长过程中逐渐形成了以投资拉动型为主的经济增长模式，在这样的背景下也形成了以数量型调控为主的货币政策框架。自 1996 年开始，M2 一直被视为我国货币政策的中介目标，对于监测我国经济增长、通货膨胀具有重要参考价值。

近年来，随着我国经济进入新常态，M2 增速也逐渐告别了过去两位数的超高增速，进入个位数时代。然而目前我国所面临的诸如影子银行、房地产、地方政府债务等问题都与 M2 有较强的联系，在现在与未来的经济发展过程中，只要投资依然是我国经济增长的主要动力，房地产、地方政府债务等问题就依然会给经济带来风险，M2 作为一个良好的货币政策指标，就依然具有参考价值。

（四）通货膨胀是各国货币政策的目标

在人类经济发展史中，严重的通货膨胀和通货紧缩总是给经济带来巨大的伤害。自从中央银行出现开始，严重的通货膨胀和通货紧缩就与中央银行的操作有紧密联系，人们也逐渐意识到将通胀水平控制在一定范围是经济健康运行的保障。因此控制通胀应该作为中央银行最重要的目标，目前大多数国家也都将控制价格水平作为货币政策的目标。根据中国人民银行法规定，我国货币政策的目标是"保持币值稳定，并以此促进经济增长"，控制通货膨胀是我国货币政策的主要目标之一。

在以上各种理论与现实交织的背景下，我们不得不提出以下问题：为何我国货币存量与通货膨胀长期处于"背离"状态？货币外生论为何难以解释二者之间的关系？我国超高速增长的 M2 是什么推动的？

二、研究意义

本书研究意义有以下几方面。

（1）我国超高增速的 M2 与通货膨胀之间的背离关系一直被视为"中国之谜"。到目前为止对该问题的大量研究争论不一。本书试图从一个全新的视角剖析以往研究中的不足之处，为研究该问题提供一个全新的视角。过去我国以数量型货币政策为主的经济发展过程中，M2 是监测经济运行状态的重要指标，对于我国 M2 超高速增长的原因也争论不一，因此，研究我国 M2 超高速增长的原因，有助于更好地理解我国经济运行状态、制定经济政策。

（2）在理论研究方面，从货币数量方程出发，从货币外生论与货币内生论两种角度对该公式的理解会导致两种完全不同的结果。本书研究表明，以往从货币外生理论出发对货币数量方程的处理存在一定的瑕疵，该瑕疵由于西方发达国家能够较好地适用其前提假设而显得并不显著，而当将货币外生理论应用于我国经济中时，前提假设发生了巨大变化，该瑕疵被放大，导致货币外生论不适用于中国经济发展研究。在过去 30 多年的发展过程中，中国经济与西方经济在制度框架、发展阶段、经济结构等方面都有巨大差别。货币外生论的前提假设在西方发达国家较为适用，而在我国则不成立，由此才会出现难以解释中国经济现象的一系列问题。本书为研究中国问题提供一定的借鉴：在研究中国问题时，不应将西方理论照搬到中国现实，而应该先考察其前提假设是否符合我国现实。

（3）本书从理论角度对比分析了货币内生论与货币内生对于我国经济现实的适用性，得出货币外生理论研究范式不适用于研究中国经济问题的结论，然后从货币内生角度对我国货币存量与通货膨胀之间的关系进行了研究，并通过实证检验验证了该思路的合理性，为研究货币存量与通货膨胀之间的关系提供了新的思路。

（4）从政策实施角度来看，基于本书研究结果，我国财政政策与货币政策具有较强的相关性，货币存量的高速增长与扩张性的财政政策密不可分，我国货币存量与通货膨胀之间的"背离"关系与固定资产投资的短期通货紧缩效应具有较强联系。而以往财政政策实施过程中反复出现"刺激过度"问题，可能是由于对固定资产投资的短期通货紧缩效应的忽略。该结论可为在政策实施过程中避免过度刺激提供一定的政策参考价值，具有一定的现实意义。

三、研究目标

本书研究目标十分明确：基于我国货币存量与通货膨胀之间长期"背离"的现象，试图从理论和实证角度剖析其背后的原因，并从政策实施角度提出政策建议。具体的，本书研究目标可以细分为以下三个。

（1）分析我国货币存量的积累机制。

（2）研究我国M2超高速增长的主要原因。

（3）探寻我国M2与通货膨胀"背离"的机制。

四、研究方法

"我国货币存量的扩张原因及其与通货膨胀之间的关系"问题涉及我国货币存量的扩张原因和我国货币存量与通货膨胀的关系两个方面的问题，但两个问题又是相互联系、层层递进的关系，本书在研究的过程中采用了多种研究方法。

（一）从抽象到具体

本书从探讨货币外生理论角度出发，将内生货币理论作为解释"中国之谜"问题的基础，将抽象的货币经济理论联系中国具体经济金融实际，通过抽象理论模型揭示我国货币存量与通货膨胀之间长期背离关系的主要原因及机理。

（二）定性分析与定量分析相结合

全书在进行定性阐述的同时，也运用了大量定量分析方法。主要如下。

1. 描述性分析

描述性分析主要利用数据表格、时间序列趋势图等方式，描述主要货币经济变量的运行变动特征。

2. 统计分析

统计分析主要体现在利用描述性统计指标刻画研究对象的运行波动情况；通过统计分析研究变量之间的相互影响关系等等。

3. 理论模型分析

此分析方法从理论模型出发，首先，对比分析了货币内生理论与货币外生理论两种研究范式在中国的适用情况；其次，从货币内生角度出发建立了货币需求方程；在得出投资是我国 M2 增长主要原因的基础上，基于一个货币循环理论模型对 M2 与通货膨胀的关系进行了分析；最后再将资产存量引入弗里德曼的货币需求模型中。为实证分析我国 M2 与通货膨胀关系奠定了基础。

4. 计量经济学分析

在理论分析基础上，本书使用了计量经济学的方法对理论推导进行了检验，主要体现在以下几个方面。

（1）使用了一般多元回归方法对货币外生论在中国的适用性进行了检验。

（2）运用格兰杰因果检验对理论模型中因果关系进行检验。

（3）本书数据采用时间序列，为分析变量之间的关系，采用结构向量自回归（SVAR）模型对序列相互之间的关系进行分析。

第二节 相关概念

一、货币存量的概念及测度指标

随着 20 世纪 70 年代布雷顿森林体系解体，美元与黄金完全脱钩，全球经济开始完全步入信用货币时代，现代经济意义上的货币总量成为完全的信用货币总量概念。

按照中国人民银行的定义，货币存量是指一国在某一时点上为社会经济运转服务的货币存量，它由中央银行在内的金融机构供给的存款货币和现金货币两部分构成，是对不同层次货币存量的计算标准。货币总量就是按不同货币存量层次计算的货币量。

各国货币当局对货币总量指标的相关规定、分类标准和具体内容各有不同。在我国，中国人民银行提供了三个层次的货币存量指标。1994 年 10 月，中国人民银行印发《中国人民银行货币存量统计和公布暂行办法》，正式推出货币存量统计指标，并规定了货币存量统计的层次划分、机构范围、统计形式、公布方式等。自那以后，人民银行对货币统计口径进行了 4 次较大的调整（盛松成和翟春，2015）。第一次是 2001 年 6 月，中国人民银行将证券公司客户保证金计入广义货币存量 M2；第二次是 2002 年初，按照当时我国各层次货币存量的统计原则，将在中国的外资银行、合资银行、外国银行分行、外资财务公司及外资企业集团财务公司有关的人民币存款业务，分别计入到不同层次的货币存量；第三次是2006年，中国人民银行将信托投资公司和金融租赁公司的存款剔除，不计入相应层次的货币存量；第四次是2011年10月，中国人民银行将非存款类金融机构在存款类金融机构的存款和住房公积金存款计入广义货币存量M2。

经过几次统计口径调整，我国现行货币统计制度将货币存量划分为如下三个层次。

第一个层次：流通中现金（M0），指单位库存现金和居民手持现金之和。

第二个层次：狭义货币存量（M1），指M0加上单位在银行的可开支票进行支付的活期存款。活期存款又可以进一步细分为企业活期存款、机关团体部队存款、农业存款等。

第三个层次：广义货币存量（M2），包括狭义货币（M1）和准货币，准货币又可进一步细分为单位在银行的定期存款、城乡居民个人在银行的各项储蓄存款和其他存款。其他存款包括信托存款、应解汇款及临时存款、财政预算外存款、租赁保证金、证券公司客户保证金、非存款类金融机构在存款类金融机构的存款及住房公积金存款等。

此外，虽然以上几个传统货币量指标的计量均内含一个前提，即各种货币资产完全可替代，但实际上，各种货币资产的货币性职能并不相同，资产的货币性越低，其所得到的利率补偿越高。Barnett（1980）依据微观经济中消费行为理论提出了采用Divisia货币总量代替简单加总的货币总量，但这一指标在我国发展尚不成熟，国内也没有权威的相关数据。

鉴于M2是我们观测货币存量的最常用指标，且其也常"被视为"我国货币政策的中介目标，与经济发展具有最密切的相关性，因此本书将主要使用M2来分析货币存量相关问题。

二、通货膨胀的概念及测度指标

通货膨胀与通货紧缩是一对相反意义的概念，其都是反映价格水平变化的概念。对于价格，马克思在《资本论》给出的定义是"价格是价值的货币表现"，学术界一般将其作为标准定义来使用。但是对如何精确地定义通货膨胀和通货紧缩这两个术语却存有很大争议。《新帕尔格雷夫经济学大辞典》中将通货膨胀定义为"价格持续上涨的一种过程，或者从等同意义上说，是货币不断贬值的一种过程"。Samuelson（1960）认为通货膨胀是指"物品和生产要素的价格普遍上升的时期"，并将通货紧缩定义为"大多数的价格和成本下降的时期"，但同时指出通货紧缩还包含"实际产量和就业量下降"的意义。从中可以发现，通货紧缩一词更多对应经济的衰退，而非价格本身，但当通货膨胀发生时，价格就成为受关注的中心问题。Sherman（1984）认为通货膨胀指所有商品的平均价格水平的上升。Friedman（1963）认为"物价的普遍上涨就叫做通货膨胀"，并且认为"通货膨胀无论何时何地都是一种货币现象"。Hayek（1960）则指出"通货膨胀一词的原意是指货币数量的过度增长，这种增长会合乎规律地导致物价的上涨"。

国内学者对物价问题的研究随着我国经济状况的变化而逐渐深化，对于通货膨胀和通货紧缩的概念也存在较多争议。如王怀宁（1980）认为"流通中的货币量超过了商品流通的实际需要便称之为通货膨胀"。丁鹄（1995）认为"通货膨胀就是票子过多的同义语"。饶余庆（1987）则将通货膨胀定义为"一般物价水平采取不同形式一贯上升的过程"。

综观国内外学者对通货膨胀、通货紧缩等问题的研究，可以发现不同学者的涵义界定不尽相同，但是通货膨胀已成为物价水平普遍持续上涨的代名词，而且这一现象与货币存量的多寡有很大的联系。有鉴于此，本书援引黄达（1980）的观点，将通货膨胀定义为："纸币流通条件下，由于货币流通量超过实际所需要的货币量，从而引起货币贬值，一般物价水平上涨的经济现象。"

针对通货膨胀的研究，比较常用的衡量指标主要有以下几种：消费者价格指数（Consumer Price Index，CPI）、生产者价格指数（Producer Price Index，PPI）和国内生产总值缩减指数（Gross Domestic Product Deflator，GDPD）等，国内外学者对通货膨胀的研究大都选用这几个指标。此外还有商品零售价格指数（Retail Price Index，RPI）、企业商品价格指数（Corporate Goods Price Index，CGPI）等指数。

CPI和RPI是用来反映消费领域价格变动情况的两种指数。消费者价格指数（CPI）或称居民消费价格指数，是为衡量我国居民家庭所购买的一般消费商品和服务的价格水平变动情况而编制的价格指数。零售价格指数（RPI）是指反映一定时期内商品零售价格变动趋势和程度的价格指数。RPI和CPI分别从商品的卖方和买方的角度来度量商品价格的变化对零售者和消费者的影响。PPI和CGPI是用来反映生产领域价格变动情况的两种指数。生产者价格指数（PPI）也称工业出厂品价格指数,是衡量工业企业产品出厂价格变动趋势和变动程度的指数。企业商品价格指数（CGPI）是反映企业间商品交易价格变动趋势和程度的综合物价指数,其调查的价格是企业间在最初批发环节的集中交易价格,其商品调查范围涵盖投资品和消费品在内的全社会物质产品。国内生产总值缩减指数（GDP缩减指数）是指没有剔除物价变动前的 GDP（现价 GDP）与剔除了物价变动后的 GDP（即不变价 GDP 或实际 GDP）之比。

由于 CPI 的波动容易受到暂时性因素的影响,有时并不能反映总体物价水平的变动趋势,比如食品和能源价格很容易受到一些异常因素的影响而产生较大幅的波动,如果它们在总体消费价格中的权重较大,便会导致总体物价水平的大幅波动。为规避暂时性冲击对物价指数造成的影响,有学者提出使用核心通货膨胀率来测度物价的变化（Roger，1998）。核心消费价格指数（Core CPI）即将食品和能源消费价格剔除后得到的消费价格指数。

此外,随着我国资产市场的快速发展,资产价格变动对社会经济的影响越来越大,基于传统通胀指标 CPI、PPI、GDP 缩减指数已无法准确地测度社会整体物价的波动状况。鉴于此,很多学者提出将传统的物价指数进行扩展,将各种资产的价格波动纳入到传统通胀指标中,构建一个能更精确地测度社会整体物价波动的广义价格指数（Alchian&Klein，1973；Shibuya，1992）。相关的代表性指标有跨期生活成本指数（Intemporal Cost Living Index，ICLI）和动态均衡物价指数（Dynamic Equilibrium Price Index，DEPI）等。

鉴于 CPI 指数是衡量我国通货膨胀水平的最常用指标,本书将主要使用该指标对我国的通货膨胀问题进行研究。

第三节 文献综述

一、关于中国货币高增长问题的研究综述

学术界关于我国货币存量增长的研究,主要可分为两大类:一类是依据基础货币和货币乘数理论所做的结构因素分析,另一类是基于货币数量论对 M2/GDP 高增长的解释分析。下面分别进行综述。

专门针对货币存量增长的内部结构分析文献不多，主要是李治国（2007）和伍戈（2009）所做的研究。李治国（2007）将我国货币存量过快增长分解为基础货币的过快增长与货币乘数的不断上升，对货币当局资产负债表进行分析，得出基础货币过快增加和货币乘数持续上升的主因是中央银行资产负债结构的调整：国外净资产比重持续上升、商业银行再贷款比重不断下降、央行票据比重陡然上升。伍戈（2009）从货币存量的内部结构层面出发，将货币存量的决定因素分为基础货币和各种决定货币乘数的比率，分析了它们对亚洲金融危机后我国货币存量增长的贡献率，研究发现：从基础货币的结构变化分析来看，其对金融机构贷款的贡献率不断下降，外汇占款已成为基础货币存量的主渠道；从货币乘数的结构变化分析来看，存款准备金率的贡献度最大。

对于我国货币存量高速增长的研究，国内外学者主要基于货币数量论，从马歇尔 K 值系数 M2/GDP 的角度出发进行研究。针对我国 M2/GDP 长期偏高的现象，主要有以下几种理论解释：经济货币化理论、金融深化理论、居民被迫储蓄理论、政府控制理论、金融体系制度性缺陷理论等。

早期的研究主要从经济的货币化角度来解释 M2/GDP 的高比率问题（谢平，1994；易纲，1995），该理论认为，在传统计划经济体制下，我国使用货币媒介经济交换的比例较低。改革后我国经济体制开始渐进转轨，现代市场经济的发展必然导致货币化比率的上升。但该理论的缺陷在于，理论上 M2/GDP 比率超过 100% 意味着货币化进程的结束，但实际上该比率早就超过了 100%。鉴于此，又有学者提出了扩展的经济货币化理论。如帅勇（2002）提出了广义货币化理论，即货币化不仅是商品和服务交易等流量资产的货币化，还包含股票、房地产等存量资产的货币化。张文（2008）将我国的货币化进程分为两个阶段：产品市场的货币化阶段和要素市场的货币化阶段，其认为我国产品市场的货币化虽然在 20 世纪 90 年代中期就已基本结束，但土地、房地产等生产要素的货币化还在进行，因此导致 M2/GDP 持续升高。

金融深化理论主要基于麦金农提出的金融深化理论来解释我国的 M2/GDP 不断上升，金融深化理论认为，发展中国家在金融深化过程中，货币存量对国内生产总值的比率会不断上升。贾春新（2000）也认为我国的 M2/GDP 比率上升主要是经济市场化和财富再分配的结果，同时表明中国仍处在金融深化的过程中。但金融深化理论却无法解释为何我国的 M2/GDP 比率会远高于一些金融发展程度更高的发达国家。

居民被迫储蓄理论认为，我国的 M2/GDP 较高的原因主要是居民被迫持有货币。而居民被迫持有货币的原因有：(1) 我国居民可持有的金融资产形式单一；(2) 各种制度性原因造成社会保障体系不健全等，导致居民消费不足、储蓄过剩，进而造成货币积余。秦朵（2002）研究了我国货币存量增长与居民储蓄行为间的关系，发现我国的 M2/GDP 比率持续超高速增长主要可归因于储蓄存款的高速增长。

政府控制理论认为，我国的高货币化现象具有深刻的政府行为内涵，在政府部门为获取金融剩余对银行体系提供了大量显性补贴和隐性担保的条件下，经济中的货币存量将高于市场化条件下的最优水平，由此出现在货币数量论框架下的"超额货币"（张杰，2006）。李斌（2006）认为，金融机构的存差扩大和 M2/GDP 比率上升是我国金融控制的不同侧面。外汇储备高速增加是我国金融机构存差快速增长的原因之一，而这也使得我国基础货币快速增长，并导致 M2 的同步增长，央行票据的发行量可体现政府的金融控制，由于商业银行持有的央行票据与国内生产总值的创造没有关系，便形成 M2/GDP 的虚高，因此说 M2/GDP 比率上升是我国政府金融控制的结果。但该理论的缺陷在于，其不能解释为何在我国市场化改革不断推进，整体金融体系的政府控制程度逐步下降的条件下，我国 M2/GDP 比率依然逐年上升。

金融体系制度性缺陷理论主要从我国金融体系存在金融资产结构单一、不良资产率较高等方面对高比率 M2/GDP 进行解释。张曙光和张平（1998）认为 M2/GDP 增长代表金融风险上升，M2 增长过快一方面是由于储蓄存款过快增长，另一方面是由于银行不良贷款的急剧增长。银行不良贷款率的下降可使得 M2/GDP 比率下降。余永定（2002）也认为我国 M2/GDP 水平的上升主要来源于居民的储蓄存款偏好和高不良债权率，而资本市场的不发达和企业资金利用水平低下客观上加剧了这一问题。裴平和熊鹏（2003）认为，我国货币政策传导过程中存在大量货币向股票市场"漏斗"和银行体系"黑洞"的渗漏，由此造成大量货币不能作用于实体经济环节，同时造成了所谓的"超额"货币现象。韩平等（2005）认为，由于我国经济具有发展和转轨的双重特征，银行坏账、居民储蓄以及地方政府的投资冲动等共同导致了较高的资金沉淀,由此使得我国 M2/GDP 的动态增长路径偏离于理论最优路径,并导致了"超额"货币现象。黄桂田等(2011)则认为中国经济中长期存在的金融抑制直接或间接导致居民的货币需求增加,因此政府为维持经济增长以避免出现通货紧缩,必定要为这些超额的货币需求增发超额货币,从而导致中国的高货币化。

还有学者从其他角度对我国高比率 M2/GDP 进行解释,如李斌(2004)从发展经济学角度出发,认为中国经济的两部门特点以及由此导致的"结构约束"和"需求约束"是造成超额货币存量的主要原因。彭方平等(2013)从微观货币需求角度对我国的高货币化进行解释,其认为:首先,我国微观货币需求具有明显的规模不经济特征,相比其他国家,我国货币需求规模弹性明显偏高;其次,我国货币需求存在显著非对称性卡甘效应,且通货膨胀越高,卡甘效应越显著。意味着,金融市场与制度的不完善,加之近年来亚洲金融危机之后我国相对其他大多数发展中国家较低的通胀率,增强了经济主体持有货币的意愿,使得信贷驱动的经济增长并没有引起超高通货膨胀,这是造成我国高货币化的重要原因。

以上我国货币存量高增长的相关研究,形成了较丰富的成果和理论解释,但仍存在一些的不足:(1)许多研究以 M2/GDP 的高比率为出发点,认为 M2 增长超过 GDP 的部分会引起通货膨胀,这是货币外生理论的观点。实际上,从数据统计角度来看,M2 是一个存量数据,而 GDP 是一个流量数据,二者之间并不是完全对应的,例如中间产品的生产和交换需要以货币作为媒介,却没有被计入 GDP 中(范从来,2015)。因此单单从 M2/GDP 的高比率角度出发来研究 M2 的高增长问题是存在一定缺陷的。(2)以往大多研究从货币外生理论角度出发,探讨 M2 的高增长与通货膨胀之间的关系,然而却得出难以解释的"中国之谜"的结论。究其原因,本书认为货币外生理论的研究范式适用于西方发达国家经济体系,但不适用于中国经济现实,研究我国 M2 与通货膨胀关系不适合从货币外生理论角度出发。在我国货币被动发行和经济高增速的背景下,更加适合从货币内生理论角度来思考该问题。

二、货币增长与通货膨胀关系的实证研究

国内外学者对于货币增长与通货膨胀的关系进行了大量的实证研究,两者的

传统理论关系得到了很多研究的证实。但也有一些研究发现两者的关系并不稳定。下面分国外研究和国内研究进行介绍。

国外学者对两者关系的实证研究开始较早。Friedman&Schwartz（1963）最早对两者的关系进行了实证分析，其研究了美国货币历史数据，发现短期内货币存量增长与通货膨胀并不会保持同步等幅变动，货币增加会引起物价上涨，也可能对产出造成影响，但从长期来看，货币扩张最后都会体现为物价的上涨，因而，货币存量增长是物价上涨的直接原因，以上结论证实了货币短期非中性而长期中性的理论。Kormendi&Meguire（1984）检验了47个国家的样本，结果同样证实了货币长期中性，货币与物价的长期关系符合货币数量论和货币中性理论。Bernanke&Mihov（1999）也对美国货币与物价数据进行了研究，结果表明，短期内由于价格存在刚性，货币增长对物价的冲击会首先体现在产出上，滞后一段时期，物价水平受到的影响才会有所体现，但从长期来看，货币增长只会对物价水平产生影响，而不会影响产出。Bachmeier&Swanson（2005）研究发现，美国货币存量与通货膨胀间存在着显著的格兰杰因果关系，在VAR模型中加入货币存量变量可以显著提升对通货膨胀的预测能力。Helge Berger（2008）对欧盟货币与物价数据进行检验，结果也表明货币存量和通货膨胀之间存在格兰杰因果关系。Rua（2012）使用小波分析方法，从时域和频域两个维度对欧洲货币存量与通货膨胀数据的研究也表明两者间具有较强的相关性。Amisano&Fagan（2013）基于带有时变转移概率的马尔科夫区制转移模型研究了美国、德国等五个地区的货币增长与通货膨胀的关系，其将通货膨胀分为高通胀和低通胀两大区制，发现货币增长对于通货膨胀率具有重要的指示作用。

也有很多学者认为货币与通胀间并不一定存在稳定关系，相关研究多见于20世纪90年代以来，很多研究将其归因于20世纪80年代以来金融市场或资产市场的快速发展。Friedman&Kuttner（1992）对美国货币存量与通货膨胀的相互关系进行研究，发现20世纪80年代之前，两者存在格兰杰因果关系，但20世纪80年代以后，两者的关系消失。Schinasi&Hargraves（1993）的研究指出，20世纪80年代以来，越来越多的货币流入资本市场，从而降低了流通领域商品和服务的通胀压力，由此削弱了货币增长与通货膨胀间的因果关系。Estrella&Mishkin（1997）的研究也发现货币增长与通货膨胀间的关系并不稳定，其认为原因在于货币的流通速度在一个抑制通货膨胀的环境下会发生变化。Franklin&Douglas（2000）研究发现，1982年至1999年美国货币存量增长了48%，但这段时间内名义GDP仅增长40%，美国物价水平基本处于稳定状态，而道琼斯指数却上涨了175%。薛敬孝（2002）对日本货币与物价进行了研究，发现1987年至1990年的日本货币存量年增长率在10%以上，而GDP增速却不足6%，物价水平基本保持稳定，其研究表明，日本股市和楼市吸收了大量超额货币。Roffia&Zaghini（2007）对不均衡状态下的超额货币存量进行了估算，并基于此测算了15个工业经济国家30多年的货币增长与通货膨胀之间的关系，研究发现，当强劲的货币增长伴随着股票或房地产价格的大幅上涨，以及宽松的信贷条件时，三年内爆发明显通胀的可能性会大幅增加；相反，如果货币量大幅扩张的同时并没有伴随信贷的大幅增加和其他资产价格大幅变动，那么发生通胀的可能性就会变小。Aksoy&Piskorski（2006）、Woodford（2007）、Binner et al.（2010）、Waingade（2011）等的研究也得出了货币存量增长与通货膨胀之间不存在显著相关的结论。

改革开放以来，我国实行较为独特的渐进改革策略，对物价的市场化改革进程实行的是双轨制，因此，货币存量与物价的关联性在不同时期也呈现出不同的特点。国内很多学者的研究结论也与货币数量论的结论相类似，即认为我国的物价变动与货币存量间存在一定的关联性。谢平（1994）使用中国1985年至1993年年度数据对货币存量与物价的关系进行了研究，其认为货币超量供给大多被转轨经济的商品货币化进程所吸纳，在实际货币需求变动不大的情况下，超量货币存量必然引发通货膨胀。刘斌（2002）研究了货币存量与产出、物价间的关系，其实证结果表明，长期来看，货币是中性的，不论是长期还是短期，物价水平与货币存量之间均存在联系。赵留彦和王一鸣（2005）基于协整和误差修正模型研究了1952年至2001年我国货币与价格间的长期关系，结果表明流通中的货币与价格水平间存在着稳健的协整关系，进一步研究显示通货存量是造成物价变动的一个关键因素。陆云航（2005）利用我国1952年至2003年相关数据，研究了不同层次货币存量与物价水平间的关系，结果表明，由于改革开放前存款账户并不普及，因此只有M0与物价水平间存在协整关系，短期内，货币存量增加对物价和产出都有影响；而长期来看，货币表现为中性，货币存量增加对产出没有影响，只会造成通货膨胀。池启水（2013）运用内生断点检验方法对1999年12月至

2012年4月我国各层次的货币存量月度数据进行结构变化分析，并结合直观分析法和Fisher检验法，验证货币总量结构变化对物价的冲击。研究发现，中国货币存量结构变化发生的突变会冲击断点之后的物价。M0、M1、M2的非稳态变化对于物价的上涨或下跌会有显著作用。江春等（2013）基于Morlet小波时频相关性分析方法，从时域和频域两个维度梳理出近20多年中国货币存量变动与物价变动之间的关系。研究表明，自2003年起，中国货币存量变化成为显著驱动物价波动的重要力量，其中，M0的变化对物价波动的长期影响较为显著，而M1和M2的变化对物价波动的短期影响较为显著。

国内也有一些学者研究得到货币存量与通货膨胀间并不存在稳定关系。王宏利（2005）利用1985年至2004年的相关数据，基于线性偏最小二乘回归和非线性BP神经网络模型等，考察多种因素对2005年的物价水平变化情况的预测能力，结果发现模型中货币增长率对物价水平变动的解释能力较差。刘金全和张小宇（2008）利用1996年至2008年的数据，基于SVAR模型和时变参数模型等，检验货币增长率与通货膨胀率之间的关系，发现货币增长率对通货膨胀率的影响很微弱。通货膨胀主要是由食品价格的结构性上涨引起，与货币存量的联系较小。桑百川（2008）认为，2004至2008年，我国的通货膨胀主要是由土地、资本和劳动等要素成本全面上涨而引发，属于成本推动型通货膨胀，而与货币存量增长的关系不大。王国刚（2009）认为，货币发行过多仅仅是导致物价上升的因素之一，物价上涨还与很多其他因素有关。1998年以来导致我国物价变化的原因各不相同，但大多与货币超发无关。货币增长与物价变动之间无法确立明确的函数关系。陈彦斌等（2009）利用1994年至2008年的季度数据，基于VAR模型和格兰杰因果检验等方法考察了我国货币增长率与通货膨胀之间的关系，研究发现货币增长率并非通货膨胀的格兰杰原因，且该结论具有较强的稳健性。他们最后的研究结论认为，货币数量论在长期成立，但短期内，货币增长与通货膨胀没有关系。

通过以上文献分析可以看出，目前对于货币增长与通货膨胀关系的研究成果较为丰富，但与国外研究相比，国内研究仍不够完善，如国外很多研究得出货币增长与通货膨胀的关系并不稳定，且这种不稳定性可能和不同的经济发展时期或不同的经济状态有关，但目前国内类似研究还较少。有鉴于此，本书将对不同的经济发展时期或不同的经济状态下我国货币增长与通货膨胀的关联性进行研究。

三、货币增长与通货膨胀的反常规关系及其解释

随着现代经济的发展，货币增长与通货膨胀间并不能呈现稳定的正相关关系，两者间的关系变得越来越不确定。这首先表现从20世纪70年代起，一些学者发现使用基于传统理论的货币需求函数在预测货币需求时与实际货币需求相比存在严重偏差。Goldfled（1976）将美国货币需求函数表现的不稳定现象称为"失踪货币"，即根据货币需求函数所预测的货币需求量大大超过公众持有的实际货币需求量。另一方面，21世纪初，受上世纪90年代资产价格泡沫破灭后日本经济长期持续不振的影响，日本自2001年至2006年首次实行了量化宽松的货币政策。自2008年全球金融危机以来，为应对金融危机对经济造成的不利影响，美国、欧盟等经济体也相继推出了量化宽松的货币政策，日本于2013年又重启量化宽松政策，而且以通货膨胀率达到某一水平作为政策目标，但长期以来这些量化宽松货币政策并没有为其带来明显的通货膨胀，这被一些学者称作"货币失踪之谜"。

中国也出现了货币增长与通货膨胀的反常规关系现象，McKinnon（1993）首次对这种现象进行了阐释。按照McKinnon所提出的经济市场化的次序，金融增长必须建立在中央财政平衡的基础上，否则将会被随之而来的通货膨胀所遏制。但中国却出现了"在财政下降的同时能够保持价格稳定与金融高增长"的经济事实，他把这种现象称为"中国之谜"。后续研究中很多学者将其引申为"中国货币之谜"现象，即货币增长率长期高于通货膨胀率与实际GDP增长率之和，货币存量长期高于经济总规模，但是较长时间内并没有引起物价同等幅度的上升。值得说明的是，"中国货币之谜"问题与前文所述货币存量高增长问题有一些联系，不同之处在于，"中国货币之谜"问题不仅仅是货币存量高速增长，而且是长期货币存量高增长下没有引发通货膨胀的现象。更加值得注意的是，自2001年以后货币存量增长与通货膨胀之间保持着"背离"关系。

传统货币数量论及现代货币数量论都不能对上述货币增长与通货膨胀的反常规关系及现象进行很好的解释，因此，许多学者提出一些新的理论解释。针对20

世纪70年代的"失踪货币"现象，Podolski（1986）认为主要原因是金融创新对货币需求产生了巨大影响，由于金融资产的流动性和货币替代性加强，货币的定义变得困难和不稳定，因而削弱了传统度量方式下的货币与通胀间的相关性。另有一些学者提出了价格决定的财政理论学说来解释失踪货币现象，其中以Leaper（1991）、Woodford（1994）、Sims（1997）、Daniel（2001）等学者的研究最具代表性。他们指出通货膨胀不仅仅是一种货币现象，政府的财政政策在决定价格水平和通货膨胀时也起着重要的作用。此外，还有学者认为货币存量与物价水平间的反常关系是因为货币存量对物价的影响存在时滞效应，短期来说两者关系可能不稳定，Friedman认为时滞效应长度为6至9个月，但这种假说并不能解释货币存量与物价水平的长期反常关系这一现象。

针对量化宽松政策没有带来通货膨胀的"货币失踪之谜"问题，Mankiw（2012）基于货币乘数理论作出了回答，他认为量化宽松货币政策是基础货币的量化宽松，基础货币存量增多并不一定带来货币总供给上升，因为货币乘数可能会下降。这一理论可以对日本21世纪初的量化宽松政策的经济效果问题作出回答。但作者对美国货币存量数据研究发现，尽管QE1期间货币存量总量没有显著增加（2008年至2010年美国M2供给量年均增长5.63%，与2001年至2007年年均增速5.5%相当），但QE2至QE4期间，货币存量增速却有明显加快（2010年至2014年美国M2供给量年均增长7.28%），因此不存在基础货币增长与货币乘数下降两相抵消导致货币总供给水平没有增长的情况。Farmer（2012）建立了一个包含金融资产价格的货币模型，其认为量化宽松政策对资产价格产生了巨大影响，尽管其没有对实际通胀率产生显著作用，但有效提高了通胀预期，并推高了股市等资产价格，即金融资产价格的上涨吸纳了大量的货币。McKinnon认为，美国的量化宽松政策无法提振美国经济的原因在于美元为世界货币，美国量化宽松发行的美元并不局限于本国内流通，而是流向全世界，量化宽松期间，大量美元涌入新兴市场国家，从而使得美国国内不会出现通货膨胀。还有一些学者认为，日本、美国及欧洲经济体的量化宽松政策没有对经济恢复起到实质性作用的原因在于这些经济体陷入了"流动性陷阱"，即在利率极低时，投机性货币需求的利率弹性无穷大，扩张性货币政策下货币的增加会大部分甚至全部被投机性货币需求所吸收（向松祚，2012；李欢丽，2013）。

中国"货币之谜"现象与上述美欧经济体所谓的"货币失踪之谜"现象的不同之处在于："中国货币之谜"并不是在金融危机或经济衰退情况下出现的，因此流动性陷阱理论无法有效地解释这一现象。对于"中国货币之谜"现象，国内学者也从不同角度给出了解释，主要解释理论有：货币化理论、货币传导时滞效应理论、二元经济部门理论、货币结构变化理论、资本市场货币积聚理论等。

货币化理论认为产生这一现象的原因在于中国市场化程度不断提高，从而货币化程度也不断提高，货币化程度的加深使得物价并未发生明显变化（谢平，1994；易纲，1995），但该理论无法解释货币化进程结束之后的货币之谜现象。货币传导时滞效应理论认为我国的货币传导机制存在种种缺陷，在利率管制和证券市场异常发展的制度约束下，公众对证券投资的收益预期和固定资产投资收益预期的非一致性导致了货币扩张传导机制受阻，这使得货币存量的时滞效应过长，货币政策传导机制出现了梗阻，因此货币存量的变化不能及时反映在价格水平上（夏斌，2001；刘伟，2002），但该理论无法对长期存在的"中国货币之谜"现象给出解释。二元经济部门理论认为产生"中国货币之谜"现象的根本原因在于不同部门的货币需求行为差异，由于非农产业边际货币需求倾向大于农业部门，因此在城镇化过程中，货币存量的增长速度将超过经济增长需求而不会全部体现为通货膨胀（赵留彦，2005），但该理论无法解释为何其他发达国家的城镇化过程中并未出现类似货币之谜现象。货币结构变化理论认为，20世纪90年代中期以来，中国货币结构发生了根本性变化，执行交易职能的货币占比逐年下降，执行资产职能的准货币已成为主体，使货币对物价的影响力减弱，这是造成"中国货币之谜"现象的主因（李健，2007），但作者经过验证，即便是执行交易职能的狭义货币存量增速也长期大幅超过通货膨胀率，该理论对此无法解释。

在我国货币存量高增长过程中，除了普通商品的价格上涨外，与之相伴随的还有我国资本市场和房地产市场的大发展，因此很多学者开始关注资本市场和房地产市场的发展对于货币增长与通货膨胀关系的影响。易纲和王召（2002）建立了一个货币政策传导模型，并推出结论：在股市存在时，货币存量的增加并不会完全转化为商品价格的上升，而会有相当一部分在股票市场上溢出。伍志文（2003）提出了资本市场货币积聚理论，其认为"中国货币之谜"是货币虚拟化过程中虚拟经济和实体经济关系失调的结果。通过引入以资本市场为代表的虚拟经济部门将传统的局限于实体经济部门的货币数量论拓展为包括资本市场、商品市场和货币市场的广义货币数量论模型，在新模型框架下分析了"中国货币之谜"的生成机理，发现大量货币在资本市场的积聚是导致货币存量与物价关系反常的直接原因。陈彦斌等（2015）专门针对2008年以后的"中国货币之谜"问题进行了研究，认为房地产价格泡沫和地方政府债务扩张是导致货币数量论在我国失效的原因，其构建了一个含有房地产部门和地方政府债务的DSGE模型，研究发现房地产泡沫膨胀和地方政府债务扩张增强了家庭和政府的货币持有意愿，使货币流通速度下降并导致通货膨胀率相对降低。

总的来说，目前学界对于我国货币存量和通货膨胀关系进行了大量研究。然而目前尚存争论，本书对于以往文献的研究，存在的争议总结如下。

（1）大量涉及我国货币供应与通货膨胀关系的研究主要从货币外生论角度出发，许多学者在理论分析上阐述了我国货币存量的内生性，例如张杰（1997）、张文（2008）、王勇和范从来（2014）。但是目前尚没有研究从实证角度对其进行检验。（2）以往研究对于M2与通货膨胀的背离关系通常用货币政策的"滞后性"来解释，例如Meiselman D（1968）、帅勇（2002）认为极有可能是中国货币存量的剧烈变化和漫长的时滞效应导致了二者之间的反常关系。刘斌（2002）研究结果表明长期看货币存量变化会对物价产生显著影响，随着货币存量的增加，物价在两个季度后开始上涨。范从来（2004）研究结果表明滞后一、二季度的M2对CPI反应最敏感。事实上，如果我们通过将M2向前移动两个季度来观察其与CPI之间的关系，会发现结果并没有改变M2与CPI之间的"背离"关系，因此M2与CPI的背离关系背后，也许并非简单只是货币存量的滞后效应，还存在其他原因使得二者形成了"背离"现象。另外将二者关系以2002年为界分为前后两个时期，可以看出两个时期中二者关系呈现出不同的特征，在后一时期呈现为明显的"背离"现象，前一时期则没有出现较为明显的"背离"趋势，因此仅用时滞效应来解释"中国之谜"现象显然缺乏说服力。（3）现有研究大多认为货币存量与通货膨胀背离的原因是由于资本市场发挥了"货币资金池"的效应，该现象在发达国家经济体中较为明显，而与发达国家相比，我国资本市场尚处于初级阶段，本书通过实证研究发现造成我国货币存量与通货膨胀相背离的主要原因并非资本市场，而是以公共基础设施投资和房地产市场为代表的固定资产投资。

第四节 技术路线与结构安排

一、技术路线

本书计划基于理论指导实践，实践反馈理论的技术路线，具体实施过程如图1-4-1所示。

```
基于我国现实背景提出问题、确定研究目标
            ↓
   ┌────────┴────────┐
M2的扩张及其通货膨     我国经济发展的特
胀关系的一般理论        殊性
   └────────┬────────┘
            ↓
传统货币外生理论在我国经济应用中的问题
            ↓
货币内生理论对我国经济的适用性分析
            ↓
建立基于内生角度的货币需求函数
            ↓
我国M2扩张原因的实证分析
            ↓
我国M2与通货膨胀效应关系理论分析
            ↓
我国M2及其通货膨胀效应关系的实证分析
            ↓
结论与政策建议
```

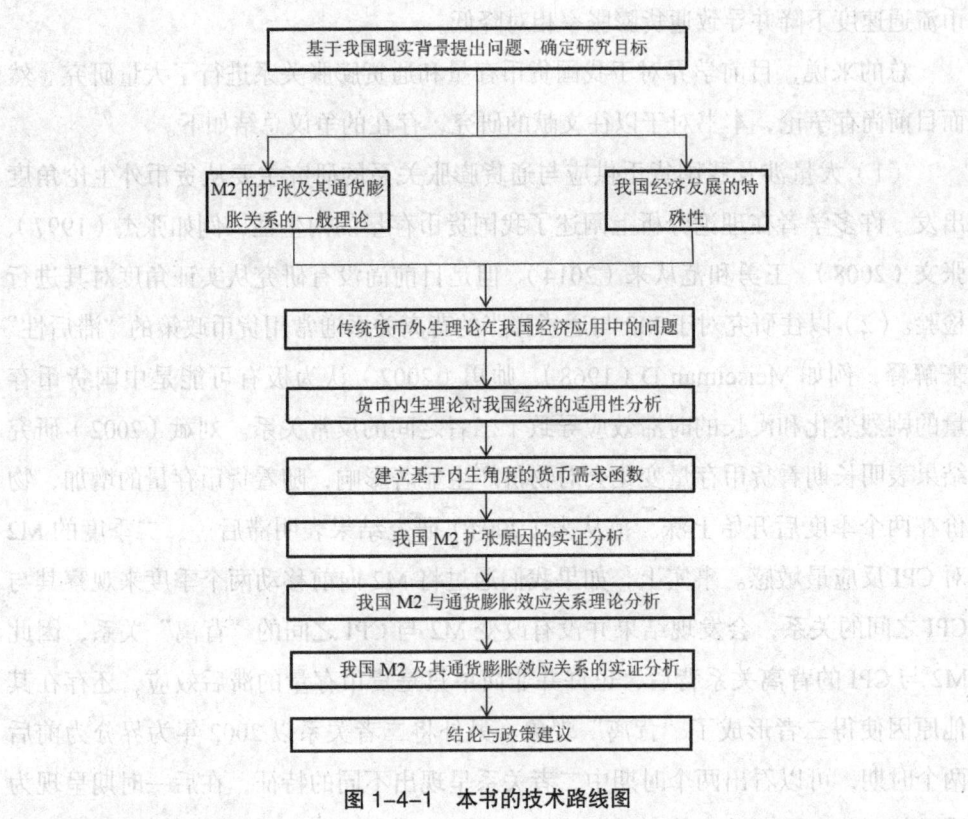

图1-4-1 本书的技术路线图

二、结构安排

本书共有六章的内容。

第一章，绪论。该章首先阐述了本书的研究背景、研究意义、研究目标和研究方法，进而明晰了货币存量、通货膨胀等概念的定义及本书的界定，接着进行了文献综述，此后是对本书技术路线和结构安排的介绍，最后是本书的创新和不足之处分析。

第二章，相关理论。该章首先对本书涉及的理论，包括货币内生理论、货币外生理论的历史沿革进行了简介，为本书以下研究打下基础。

第三章，我国 M2 扩张原因。该章首先分析了 M2 扩张机理，然后分析了一般理论对于我国 M2 扩张原因的不足之处，最后从我国宏观经济角度的特殊性角度分析了我国 M2 扩张的原因。

第四章，我国 M2 的扩张原因实证分析。该章对我国 M2 扩张的原因进行了实证分析。

第五章，我国 M2 的扩张与通货膨胀关系分析。该章首先对通货膨胀的决定因素进行了分析，其次对 M2 与通货膨胀的关系进行了国际比较，最后基于一个货币循环理论对 M2 与通货膨胀的关系进行了分析。

第六章，我国 M2 与通货膨胀关系实证分析。该章首先基于弗里德曼货币需求函数对我国 M2 与通货膨胀关系进行了实证分析，其次对我国投资的通货膨胀效应进行了实证分析，接着基于货币内生理论对"中国之谜"现象进行了剖析，最后对我国"过度刺激"的形成机制进行了分析。

第七章，结论及政策建议，该章对本书主要结论进行了总结，并据此提出相关的政策建议。

第五节　创新与不足之处

本书的创新之处主要包括如下几方面。

（1）本书发现了货币外生论在应用中存在变量和数据之间错位的瑕疵，该瑕疵被西方发达国家经济体经济增速较小的现实所掩盖，但在中国等经济增速较大的经济体中被放大，导致了"中国之谜"之类的问题。

（2）本书从货币内生理论出发，构建了分析货币存量变化的实证模型，发现影响我国货币存量变化的主要因素是固定资产投资、证券投资、消费、进出口以及货币流通速度，其中最重要的是固定资产投资。

（3）本书认为，我国 M2 与通货膨胀"背离"的原因主要是由于投资挤出了消费，而非货币政策的滞后性。

（4）本研究发现，与传统理论认为固定资产投资主要通过需求和供给两个渠道影响通货膨胀机制不同，我国固定资产投资还存在短期通货紧缩效应，对该效应的忽视可能是财政过度刺激的主要原因。

不足之处如下。

（1）由于数据可得性限制，本研究难以对不同国家不同阶段的 M2 与 CPI 关系进行全面比较，进而没有对不同国家造成 M2 与 CPI 背离的原因进行全面的对比分析。

（2）由于涉及不同国家、不同阶段较多，从研究者的能力与精力、研究效率、研究结果意义等角度出发，没有对不同国家，不同发展阶段、不同发展速度下的 M2 与 CPI 的关系进行详细对比，以验证货币外生论的适用性。

（3）在对货币政策的通货膨胀效应进行深入研究中，本书只选取了最重要的固定资产投资的通货膨胀效应来进行研究，并未对其他因素所造成的通货膨胀效应进行深入研究，这方面还有待深入探索。

第二章 相关理论

本章含有大量理论性较强的内容,对货币存量扩张、通货膨胀、货币增长与通货膨胀关系等方面的理论进行了研究,阐述了货币扩张理论中外生论与内生论的历史沿革。

第一节 货币存量扩张理论:外生论与内生论

货币存量由哪些因素决定?如何影响经济运行?这些属于经济学的基本问题,也是本书研究需要明确的假设前提。对此,西方经济学主要有货币外生论和内生论两种基本观点。其中,货币外生论一直是主流观点,认为货币存量是由货币当局控制的外生变量决定的,货币当局可以通过发行货币、规定存款准备金率等手段来控制货币存量。货币内生论是非主流观点,认为货币存量并不是货币当局所能有效控制的外生变量,而主要是经济活动的内生变量决定的。下面对其进行简要介绍述评。

一、货币外生论历史沿革

回顾经济学史,可以发现货币外生论与内生论的争论由来已久。最早可追溯到金本位制时代关于货币数量论的争论。货币外生论是新古典经济学的基本观点。

在贵金属阶段,金块论者认为当时的货币存量是外生的。在当时,流通中使用的通货主要是贵金属,而贵金属的生产又完全受制于自然条件。在早期,金矿和银矿的挖掘使得货币存量处于一种相对混乱的状态。这些条件不受经济活动的影响。

我国货币存量的扩张及其与通货膨胀的关系研究

由英国的经济危机掀起了一场空前的"通货争论"。其中通货学派主张货币外生,同时物价水平还受到货币流通速度的影响。在关于银行对货币存量的把控力度上,通货学派指出银行可以任意增减货币存量,对货币存量有绝对控制权。通货学派的货币外生论主要体现在货币存量对于物价水平的决定作用以及银行对于货币量的控制力上。

凯恩斯的货币存量理论思想前后发生了重大变化。以《货币论》作为分水岭,在此之前凯恩斯可看作是内生货币的支持者,在此之后,随着《就业、利息与货币通论》的出版,凯恩斯成为一名货币存量外生的支持者。在写《通论》的时候,凯恩斯所要面对的主要问题是经济的大萧条,生产停滞和工人失业。在当时的经济条件下,资本的边际效率大于利率水平是扩大就业的一个重要方法。由于资本的边际效率不能进行人为的控制,因此关键的政策就是控制利率。在流动性偏好不变的情况下,只有增发货币来使利率达到人们愿意进行增加投资并能提高就业的水平。在这样的大背景下,凯恩斯成为货币外生论的支持者。

值得注意的是,凯恩斯作为宏观经济学的创始人,对此持有矛盾的态度,他在《货币论》中揭示了货币存量内生思想,在《通论》中致力于对传统理论的革命,以货币外生为假设前提,但之后又提出融资需求修正理论,这为后凯恩斯主义学者所继承发展,成为货币内生论的重要基础。

20世纪六七十年代,英美等国发生经济"滞涨"现象,凯恩斯理论面临难以应对的现实挑战,以弗里德曼(Friedman)为代表的现代货币学派声名鹊起,新古典经济学回归主流。

弗里德曼也是一个典型的货币存量外生论者,他认为决定货币存量的有三个因素:(1)高能货币,包括银行准备金及公众持有的通货;(2)存款准备金率D/R,商业银行存款与商业银行的准备金的比率;(3)存款通货比率D/C,银行存款与公众持有的通货的比率。弗里德曼的货币存量方程为:

$$M = H \times \frac{\frac{D}{R}(1+\frac{D}{C})}{\frac{D}{R}+\frac{D}{C}} \qquad (2.1)$$

从方程式(2.1)中了解,决定货币存量的是高能货币和货币乘数,在其他条件既定的前提下，高能货币变化将引起货币存量的倍数增长。货币当局、商业银行和公众的偏好行为，三个因素对货币存量有关键性的影响。由于中央银行对高能货币具有决定作用，而高能货币决定银行的存款准备金率（商业银行部分）以及存款通货比率（公众偏好部分）。货币当局便能利用基础货币来调整货币存量。综上所述，外生货币存量的总的观点是中央银行可对货币存量进行控制。在贵金属阶段，由于当时的货币主要是金银或其他贵金属，受制于自然条件的限制，货币存量是外生的。凯恩斯时期，当时的经济出现大萧条、大衰退的局面，这也使他从一个内生货币存量理论支持者逐步转变为一个货币存量的外生支持者。弗里德曼则认为高能货币对货币存量具有决定性作用，而高能货币的控制权掌握在中央银行的手中，因此货币存量具有外生性。

货币学派的理论基础是传统货币数量论和货币乘数模型。其中货币乘数模型研究的是中央银行的基础货币与货币存量总量之间的关系，其发展源于Phillips（1920）构建的银行货币存量模型。之后，很多学者对其进行了丰富和完善（Friedman&Schwartz，1963；Cagan，1965；Burger，1971）。尽管这些模型在某些方面的处理上有所差异，但总体思路都是一致的，即均认为货币存量决定于基础货币和货币存量乘数两个部分。Papademos&Modiligliani（1990）在这些模型基础上，概括出一个货币存量乘数理论的一般模型。货币存量乘数 m 的公式可表示为：

$$m = \frac{(c + \sum_{i=1}^{N} d_i)}{(c + \sum_{i=1}^{N} z_i d_i + f)} \quad (2.2)$$

其中，c 表示通货比率，d_i 表示各类存款账户对存款账户的比率，z_i 表示各类存款账户对应的法定准备金率，银行体系的准备金可分为法定准备金和超额准备金，f 表示超额准备金占存款的比率。设中央银行主动发放的基础货币 B，则货币存量 M 可表示为：

$$M_s = m \cdot B \quad (2.3)$$

假设银行的资产中仅包含存款准备金 R 和贷款 L，则可得到货币学派货币外生供给理论下的信贷扩张乘数 l_m 的公式为：

$$l_m = \frac{(c + \sum_{i=1}^{N} d_i)}{(c + \sum_{i=1}^{N} z_i d_i + f)} - 1 \qquad (2.4)$$

相应的，信贷规模 L 可表示为：

$$L = l_m \cdot B \qquad (2.5)$$

货币学派认为，上述货币存量乘数模型中：通货比率（c）由公众的流动性偏好决定，其在多数时期内都是稳定不变的；d_i 由商业银行的负债结构决定，其在短期内也不会发生较大变化；z_i 则由中央银行直接决定，因而只有 f 相对独立和易变。再考虑到中央银行可通过多种方式控制基础货币的规模。因此货币主义者认为，中央银行外生决定了货币存量规模。

货币学派的货币乘数模型依赖3个前提假设：（1）经济体中存在无限大的货币需求；（2）银行类金融机构的贷款经营模式是"先存后贷"；（3）货币流通速度稳定。然而，上述假设在实践中并不成立。比如 Tobin&Brainard（1963）指出，银行只有在贷款需求足够多的前提下才能通过贷款的发放实现存款的创造和扩张，但在很大程度上，贷款需求取决于经济的发展水平和运行状况。此外，随着金融体系的变迁和银行资产负债管理方式的不断丰富，商业银行的经营模式已经在很大程度上转为"先贷后存"。而"货币流通速度稳定"的假定更是遭到了广泛的质疑。

二、货币内生理论的历史沿革

（一）早期的货币内生思想

詹姆斯·斯图亚特（James Steuart，1712—1780）第一个提出到底是流通中的货币数量决定了商品价格，还是商品价格决定了流通中的货币数量。他在货币理论中是反对休谟提出的货币数量论的观点。认为是商品价格决定了流通中的货币数量。斯图亚特写道：每个国家的流通，必须同生产投入市场的商品的居民的生产活动相适应[1]。他还指出，如果一国的硬币太少，就会通过使用象征货币的方

---

[1] 马克思，恩格斯. 马克思恩格斯全集（第13卷）[M]. 中共中央马克思恩格斯列宁斯大林著作编译局，译. 北京：人民出版社，1962：47.

式创造出一个等价物与经济活动相适应。相反，如果金属货币的供应量超过了产业活动的规模，它将当作贮藏货币堆积起来，而不是进入流通领域。他还提出了"一国的流通只能吸收一定量的货币"的观点。从斯图亚特的上述理论中我们可看到，他已经有了关于货币内生性的初步思想，他认为是商品的价格决定了流通中所需要的货币数量，价格的高低决定了货币量的多少。价格又由市场的供求所决定，因此是对货币的需求决定了货币存量的数量。从这一方面看，货币存量由经济活动创造出来，具有内生性。斯图亚特关于货币内生性理论的研究对亚当·斯密的货币理论的形成产生了重要的影响。

亚当·斯密作为现代经济学的鼻祖，他在利息论和剩余价值理论方面作出了很大的贡献。亚当·斯密关于货币内生的观点也体现在他的《国富论》里。亚当·斯密认为银行券是代替私人发行的银行票据，主要是为了实现交易上的方便快捷。银行券的发行方式主要是票据贴现。在看待银行券的受理问题时，斯密认为银行应当办理真实票据的贴现，而不是融通票据的贴现。首先，真实票据具有为真实存在的债权债务关系作为担保的功能，这种汇票，一经到期就会兑付。由于是真实票据，也意味着这种银行券的发行会随着商品的退出而退出。相反，如果所贴现的是融通票据，就会引起银行券的过度发行。

同时斯密还揭示了金属货币会被纸币代替的客观规律，指出银行券要和金属货币的流通保持一致。斯密说道：无论在哪个国家，每年买卖的货物要求有一定数量的货币来把货物分配给真正的消费者，国内流通的货物既已减少，为流通货物所必需的货币也必减少[①]。斯密的这些论述，表明了商品的价格决定了货币需求量，货币存量要适应商品的生产。斯密还提到当金属铸币超过流通中所需的时候，贵金属就会展现储藏功能，自动退出流通领域，而当贵金属的流通量不能满足流通时，商品就会流向国外来换取相应地金属货币。

后凯恩斯学派在继承凯恩斯融资需求理论并批判以上几个假设的基础上，建立起货币存量内生理论。该理论认为商业银行的经营模式是"先贷后存"，即"贷款创造存款，存款创造准备金"。在商业银行满足信贷需求后如何寻求基础货币问题上，货币内生理论存在着适应性内生和结构性内生两种解释。前者认为，为维持金融系统的稳定，中央银行作为最后贷款人，必定满足商业银行的存款准备

---

① 亚当·斯密. 国民财富的性质和原因的研究[M]. 北京：商务印书馆，1972：13.

金或基础货币需求（Lavoie，2006）。后者认为，中央银行不会完全满足商业银行的准备金需求，商业银行主要依靠金融创新和负债管理在金融市场寻求准备金（Dow，2006）。相比而言，货币内生论的逻辑是从贷款需求到货币存量再到基础货币，而货币外生论的逻辑是从中央银行发放基础货币到货币存量再到贷款。

（二）马克思的内生货币思想

马克思对于货币存量的分析从质和量两个方面的分析中体现了他关于货币内生的思想。

在对货币质的讨论时，从货币的起源开始分析，马克思认为货币的本质是商品，是一种为了满足交换的需要而出现的一般等价物，是由社会交换的需要而自发产生的。从这一点可以看出，马克思对货币的本质和产生的认识受到了斯密对社会分工的影响。商品流通决定了货币流通的产生及数量，货币流通的实质就是一般人类劳动的交换。

马克思认为流通中的货币量主要是由商品价格总额决定的。他进一步指出，对于商品价格总额变化，不需要所有的商品价格都对需求产生反应，关键的商品价格上涨或者跌落就能够引起货币流通量的变化。马克思关于货币流通规律的公式表示如下：

$$\frac{商品价格总额}{同名货币的流通次数} = 执行流通手段职能的货币量 \quad (2.6)$$

这个货币流通公式是在贵金属货币流通的条件下成立的。根据马克思的劳动价值理论学说，商品的价值是由无差别的人类劳动决定的。因此，在进入流通领域之前，商品的价值就已经确定了，在金属货币流通的条件下，黄金的价值也已经确定。商品的价格就是由商品的价值和黄金的价值之间的比值决定的，因此商品的价格就与黄金的数量无关。在商品与货币的矛盾运动中，商品通过与货币进行交换，商品退出了流通而货币依然在流通过程中。货币流通速度是影响货币需求的关键变量。因此，在马克思关于流通中货币需求量的等式中，只能是等式的左边决定等式的右边，价格的形成与货币数量的多少并没有必然联系，价格由价值所决定。

在对金属货币的流通进行讨论的时候，比银行学派思考更为全面的是马克思，他也对纸币的流通规律提出了自己的看法。马克思指出：金因为有价值才流通，而纸票却因为流通才有价值①。马克思指出纸币的流通与金属货币流通的本质相同，流通的总价值是一致的。进一步地，在总价值一致的前提下，商品的价格会随着流通中纸币量的增减而涨跌。也就是说，纸币的发行限于它象征性代表的金（或银）的实际流通数量②。在金价与商品价值定下来的前提下，每单位纸币所代表的价值就会随着纸币发行量的增减而变动。流通中纸币量增加，购买相同商品所需要的纸币就会增加，反之就会减少。纸币的流通规律是金属货币流通规律的延伸，金属货币的流通量是由商品的价值量决定的，在纸币的流通条件下也是适用的，从这一方面看，马克思也是货币内生的支持者。纸币的总价值与金属货币的总价值相同，而金属货币的价值又影响到商品价格的确定，最终的决定作用仍然体现在商品自身的价值中。

在马克思生活的年代，银行学派与通货学派关于货币存量的问题有着很大的争论。银行学派认为银行券的供给并不是由银行自主发行决定的，而是在存在信用制度的前提下，由商品生产和流通中产生了对银行券的需求。马克思一方面对银行学派没有正确区别作为货币的货币和作为资本的货币进行了批判，同时也认同银行学派对信用货币创造过程的理论。

信用货币的发行和流通反映了银行贷款的发放和收回，而信用的发行是由社会生产的需要产生的，银行信贷的产生，在马克思看来，属于创造了价值和剩余价值。从另一方面而言，作为支付手段而使用的货币与进入流通领域的货币已经产生了本质上的不同。用于支付手段的货币从本质上来看是一种货币资本，支付给劳动力工资从而产生剩余价值。支付手段所需要的货币量与扩大再生产的需要有关，而并不是由银行直接决定的。

综上所述，马克思认为货币的本质体现的是一种社会关系，流通中的货币金属量取决于商品价格总额和货币流通速度，并给出了相应的公式。他还提出了物价和纸币的关系，即商品价格随着流通中的纸币数量的增减而发生变化。他还进一步吸收了银行学派关于银行券的看法，阐明了信用货币的流通原则。

可以看出内生货币的思想起源在斯图亚特时期就已经显现，并被表现出来。

---

① 马克思，恩格斯．马克思恩格斯全集（第13卷）[M]．中共中央马克思恩格斯列宁斯大林著作编译局，译．北京：人民出版社，1962：111．
② 马克思，恩格斯．马克思恩格斯全集（第23卷）[M]．中共中央马克思恩格斯列宁斯大林著作编译局，译．北京：人民出版社，1962：147．

他认为流通中的商品只需要一定的货币量而不是全部,这一思想被斯密继承,他认为货币需求量决定货币存量,流通中的货币量可以通过自发地进行调节来适应商品的流通。银行学派则更加周密,银行学派则从货币的定义、货币的范围,探究了货币的本质,提出了银行并不能随意扩大或者减少银行券的发行。马克思则从货币的本质和产生来看待货币问题,货币的产生是为了交换的需要,也就是社会的简单生产和扩大再生产问题,从而论证了货币存量的内生性问题。

(三)货币内生深层内涵:信用货币创造

随着信用经济的出现和发展,内生货币思想所包含的内容也越来越丰富。在这一时期的经济学家所提到的思想多与此有关。

关于货币价格的变动,一直有两个原因,一是货币的生产费用论,二是货币数量论。维克塞尔首先反对货币成本论,他认为货币作为交换媒介,其价值决定所购商品产生的边际效用。其次黄金的生产费用的变动是缓慢长期的,而价格的变动是短期问题。对于货币数量的问题,维克塞尔持部分赞同态度,但他认为币数量论存在一定的缺陷,首先假定货币速度是一个稳定的量,然而货币流通速度并不如此;其次过分突出纸币和硬币在交换中的作用,随着信用的发展忽略了信用票据的作用。维克赛尔认为货币数量论的现金余额是一种个人的制度,现实情况是由于银行的存在,个人余额已经被一种集体余额所代替。因此,维克赛尔对货币数量论持怀疑态度。

维克塞尔认为商品价格的调节者是利率,而不是货币。图克所代表的银行派认为,利率降低生产成本下降进而导致商品价格下降。维克赛尔认为利率下降导致物价上升。他认为信用松弛导致对原料、劳动、土地等直接、间接地使消费品的需求超过了供给,这种情况下就会导致价格的上涨。对于类似投机作用的投资,在利率和物价的作用中。低利率的维持其影响不但是恒久的,而且是累积的。

关于货币流通速度,维克赛尔也提出了自己的观点。他不同意穆勒对于货币流通速度的定义,穆勒只是单纯地考虑到在一定时间内货币转手了几次。维克赛尔指出,要想知道货币的流通速度,就必须知道该项货物的平均价格,而货物的平均价格又与货币的流通速度有关。维克赛尔给出了自己的定义,在一个时间单位,假定一年,现有的一个个货币,关于买进和卖出(借贷除外)的转手平均次数①。维克赛尔认为如果知道在一年中现款交换的货物总值 P，也知道在流通中货币数量 M，那么可以由 P 对 M 的比例，得出货币流通的平均速度②。从这个分析中，维克赛尔加入了货币价格对货币流通速度的影响，也是货币存量内生性的一个体现。

维克赛尔认为商品价格和货币的流通速度是影响货币存量的重要因素。如果说维克赛尔上述关于货币内生的观点表述得有些隐晦，那么他下面这一段话则旗帜鲜明地表达了他的看法：需求的产生先于供给，价格将会上涨。这很明显地表达了他关于内生货币的主张，对商品价格有决定性作用的不是货币的供应量，而是商品本身的供给和需求，市场上形成的价格决定了货币需求量的大小。

（四）凯恩斯的内生货币思想

《就业、利息和货币通论》的出版，使得凯恩斯成为另外经济学历史中一位举足轻重的人物。众所周知，在《通论》中凯恩斯是一位外生货币存量理论的主张者，他认为在经济体系中，货币存量是由银行决定的，因此在他的有效需求理论中将货币存量视为一个外生变量。然而在《通论》之前，凯恩斯的另一著作《货币论》也给当时的经济学带来了很大影响。在此书里他认为货币存量是内生的。

信用创造过程中是存款创造了贷款。对整个银行体系来说，主动权操在存款人手中，银行家所放出的款项不能超过存款者事先托付给他们的款项③。从凯恩斯的这句描述中，可以看出凯恩斯认为中央银行或者银行体系并不能随意地决定货币量，银行的放款数量是由存款所决定的。同时，凯恩斯认为银行对投资率的控制是令人怀疑的，而投资率与货币需求量的多少息息相关，进而也就影响到货币存量。凯恩斯的这些观点表明了货币存量是内生的。

在凯恩斯看来，把 1890—1896 年的物价降低的原因与黄金缺乏联系起来并不是恰当的。当时的经济现实并没有表现出黄金缺乏，反而是黄金很充足。这段时期，英格兰银行的金储备量增加了接近一倍，各类经济主体信贷需求也得到满足。此时却出现了贸易停滞、就业不佳、物价下跌的现象。凯恩斯认为应当把这种现象归结于利润紧缩的影响，而不是归因于货币影响。这说明了货币存量和物

---

① 维克赛尔. 利息与价格 [M]. 蔡受百，程伯，译. 北京：商务印书馆，1997：42.
② 维克赛尔. 利息与价格 [M]. 蔡受百，程伯，译. 北京：商务印书馆，1997：49.
③ 凯恩斯. 货币论（上）[M]. 何瑞英，译. 北京：商务印书馆，2011：27.

价的涨跌之间并没有必然的联系。相反，他认为是物价的上涨才导致了货币供应的增加，影响物价的因素是由投资报酬率的大小所决定的，这一主张可以在物价理论的方程中看到。

凯恩斯的《货币论》主要是关于物价决定理论的，其中对物价的决定做了系统性的分析。凯恩斯提出了货币价值的基本方程式，该方程式的形式：

$$P=\frac{E}{O}+\frac{k-S}{R} \quad (2.7)$$

$$\pi=\frac{E}{O}+\frac{I-S}{O} \quad (2.8)$$

在上述式子中，P是消费品物价，π 为社会总产品的价格，E表示一个单位时间的总货币收入，R表示消费品的数量，O代表社会总产品量，k用来表示投资品部门得到的收入，I为新生产出的投资品的当期市场价值。凯恩斯认为物价稳定需要达到三个要求：利润为零，即所有的企业都最大化了生产；投资等于储蓄，也就在信贷市场上实现了均衡；第三个条件是市场利率等于自然利率。在价值方程式中，货币存量没有出现在等式中。凯恩斯认为货币存量不是物价的决定性影响因素，货币存量只能是被决定的变量。银行利率在物价的基本方程式中没有明显的表现出来。利率并不能直接进入基本方程式来影响物价。银行利率的增加会使物价跌落的说法并不准确。实际上，《货币论》时期的凯恩斯是持有货币存量内生观点的。他认为银行不能随意地决定货币存量，并且进一步阐述了自己存款创造贷款的主张。他还提出了自己的物价水平的基本方程式。通过引入收入、投资、储蓄、产量和利润等来解释价格水平的波动。这些变量都与货币存量无关。货币需求由经济实体来实现。

（五）熊彼特的内生货币思想

熊彼特的货币内生性的观点主要体现在他的创新理论之中。熊彼特将经济运动分为经济循环和经济发展，这种划分是一种创新。经济循环是反复的水平式发展；经济发展则是在经济的发展变化中，流通渠道产生的自发和间断的变化，是一种对均衡的干扰。所谓的经济发展就是对现有的土地、资本、劳动等资源分配方式的一种打破，这种新的资源组合的方式就是创新，而对于不具备生产资料的企业家，信用的作用在经济发展中就显得很重要。熊彼特提出，信用是创造的结果，而不是储蓄的结果。因此，他提出信用不是把一个已经存在的购买力进行转移，而是创造出新的购买力的问题。

与经济循环和经济发展相对应，熊彼特把信用划分为正常信贷和非正常信贷。正常信贷是一种对已经存在的商品进行分配，是对社会所得的要求权，它代表着对现有的商品和服务的确认。熊彼特认为对这种正常信贷的研究没有重要意义。非正常信贷可以看作是熊彼特货币内生性思想的源泉。

信贷在本质上可以理解为是通过对购买力进行创造并将购买力转移给企业家。通过这种方式的实现，有可能打破经济循环实现经济发展这一局面。进一步，这种非正常信贷产生于企业家的举债，而银行对这种信用创造的控制力是有限的。

熊彼特还论述了物价水平和货币量之间的关系。研究货币数量与物价关系最简单的方法是对货币存量和商品存量进行比较。熊彼特认为货币存量可以认为是铸币总量，但是商品存量却是不确定的。这就是存量与流量的比较。在某单位时期内，用一系数乘以货币存量，这一系数衡量的是货币存量与商品流量交换次数，这也有就是货币流通速度[①]。从这个意义上说，流通速度仅仅是货币特有的现象。从熊彼特的表述中可以看出，他认为是物价水平决定了货币的数量，货币流通速度仅仅是一个比值，并没有多么重要的意义。在商品量一定的情况下，货币流通速度的快慢会影响货币量的多少。"由于货币数量的增加是一种过程的附带事物，或者说货币数量（银行券和存款）的增加是因为价格已经上涨"[②]。熊彼特的这些论述表明了他内生货币的观点。他认为货币数量是由物价水平决定的。

熊彼特认为企业需要创新，而创新离不开信贷，进而产生了信贷需求的问题，也就是非正常信贷。同时指出了非正常信贷对于货币存量的倒逼机制，所以货币存量是由银行体系以外的因素即企业所决定的，从而论证了货币存量的内生问题。同时他又从物价和货币数量之间的关系中得出物价水平决定货币数量的观点。

从维克赛尔到马克思，再到熊彼特，他们的货币理论都是货币内生性的观点。随着商业的发展，汇票和银行券的使用更加普遍，信贷关系在商业发展中起到了重要的作用。他们也都认同是私人部门的贷款需求产生了对银行货币量的需求，

---

① 熊彼特. 经济分析史第1卷[M]. 朱泱, 孙鸿敬, 李宏, 译. 北京：商务印书馆，1996.
② 熊彼特. 经济分析史第1卷[M]. 朱泱, 孙鸿敬, 李宏, 译. 北京：商务印书馆，1996.

是在生产和生活中对商品和服务的需求而产生的，即货币需求创造了货币存量。

通常来说，一个国家调控经济的手段主要有两种，财政政策和货币政策。货币政策通常需要一些中介目标来达到调控经济的目的。货币存量主要是从货币存量方面来进行调控。其传导机制如下：随着中央银行减少准备金，紧缩银根，货币存量减少，信贷成本提高，信贷需求减少，投资下降，进一步引起国民收入的减少。总的来说，其传导机制就是由货币存量的减少引起货币需求的减少再影响国民收入。

若是以利率作为中间目标，其传导机制为：准备金减少，货币存量下降，利率上升，投资和消费量下降，进而导致国民收入降低。如果中央银行紧缩银根，可利用的活期存款数量就会下降，则居民手中的流动性也会降低，导致对流动性的需求大于流动性供给的时候，居民就会在证券市场上卖出有价债券，债券的价格下降，名义利率上升，导致投资和消费的减少。

三、货币内外生之争

在货币理论的发展之中，货币的内外生之间有几次影响深远的争论。货币的内外生争论源于19世纪的英国的"通货学派"和"银行学派"之间的争论。这场论战争论的焦点是对于金融界当时所存在的混乱如何进行治理的问题。

通货学派继承了李嘉图的思想，认为出现混乱的原因是没有按照货币数量论的原理来发行货币。通货学派认为，如果由黄金和可兑换纸币组成通货数量或由不可兑换的货币构成的发行数量与黄金作为通货时的数量保持一致，那么就不会导致物价出现大幅度的波动。另一方面，银行学派则否认通货学派所依据的货币数量论原则。银行学派所依据的是亚当·斯密的"回流"理论。

紧接着，在银行能否控制货币存量的问题上。通货学派认为银行可以对货币的供给任意增减。解决的办法是成立中央银行，将银行业务与通货业务分开。而银行学派主张需求是原因，货币存量的数量是结果。银行券的发行数量不可随意增减。最后，这场论战的结果以通货学派的胜利而结束。

凯恩斯的货币存量内外生思想的演变是以《货币论》作为分水岭的。在此之前，他是一名货币存量外生的主张者，在此以后凯恩斯逐渐变为了一位货币外生的支持者。在《货币论》中，凯恩斯认为可以通过银行银行信用来扩大自己的货币存量来适应信贷需求，货币是和债务一起诞生的。凯恩斯通过建立的货币价值方程式来说明货币存量不具有内生性。针对 20 世纪 30 年代的大萧条而作的《通论》中，凯恩斯关注的问题已经变为失业和经济萧条。在这样的情况下，凯恩斯认为利率的变动需要依靠增加货币存量来实现，然而利率的形成受到多种因素的影响，商业银行不能简单地通过存贷款的变化来控制利率。此时就需要货币当局的帮助，通过增加基础货币存量的方式来达到增加货币存量的目的。凯恩斯对货币存量的认识由内生转向了外生。然而，在《通论》中，凯恩斯提出了货币需求的动机，尤其是其中的融资性需求。凯恩斯认为，在实际投资之前需要资金来支持这项投资。对于这种行为，foster（1986）认为，在现代的金融体系中，其实质就是银行为了企业的贷款需求而创造的货币存量。换句话说，对这种融资性需求而产生的货币需求来说，货币存量是内生的。从中可以看出，虽然《通论》中凯恩斯是主张货币外生的，但其中也部分地嵌入了货币内生的思想。

货币学派也主张货币外生的观点，其代表人物是弗里德曼。货币学派的理论基础是货币数量方程 MV=PY，弗里德曼对此模型进行了丰富。弗里德曼的货币存量模型（式（2.1）），他的基本思想是：C 是由公众的流动性偏好决定的，由于偏好的稳定性，因此大多数时间 C 是稳定的。同时，商业银行的资产负债结构在一定时期内也不作出巨大的改变。中央银行对法定存款准备金率具有控制性。同时也对超额准备金率有一定的控制性。中央银行对基础货币具有控制权，使用再贷款和公开市场操作业务来对基础货币实现控制。因此，货币存量是外生的。

货币学派在推导货币存量乘数外生的前提是商业银行的存贷模式是"先存后贷"，同时假设有无限大的货币需求。然而在现实中这两个条件并不成立，随着金融体系的发展，例如资产证券化使得多数银行的经营模式已经变为"先贷后存"。贷款的需求性越来越大。在这个基础上，后凯恩斯学派建立了一个货币存量内生理论的信贷除数模型，主要体现为莫尔的内生货币理论。

对比莫尔的信贷除数模型和弗里德曼的乘数模型，其公式的表现形式是一样的，关键是建立两个模型所依据的理论逻辑是不同的。货币学派的观点是基于货币控制着基础货币的发放，而货币乘数也被央行绝对控制。货币学派的货币存量扩张理论是从基础货币出发，通过一系列的机制最终投放到市场中形成了货币存量。而后凯恩斯学派则更多地强调信贷需求所产生的作用。这种信贷需求并不是一种与现存的商品进行交易或贸易而形成，更多的是一种企业主动寻求购买力而形成的。

第二节　通货膨胀理论及相关研究

一、通货膨胀成因及理论模型

一国物价水平由总供给和总需求共同决定，通货膨胀意味着价格水平的持续显著的上涨，通货膨胀的本质是货币存量超过实际经济运行所需的货币量（袁晋华，1996），反映了总需求水平持续显著地大于总供给水平。总供给与总需求的失衡包含两种类型：即总量失衡和结构失衡。总量失衡造成的通货膨胀有需求拉动型、成本推动型、混合型通货膨胀三种类型，结构失衡带来的通货膨胀被称作结构型通货膨胀。

需求拉动型通货膨胀是指在总供给水平不变条件下，总需求增大而引起的一般物价水平持续显著上升，或者总需求的增长超过了总供给的增长幅度，导致物价持续上涨的通货膨胀。对于需求拉动的通货膨胀可从两方面解释：一方面，社会总需求包括居民、企业、政府和国外部门的需求，因此经济中居民消费需求增加、企业投资增加、政府支出增加或贸易顺差加大都可能导致需求拉动型通货膨胀的发生；另一方面，货币学派认为需求拉动型通货膨胀的产生是货币需求的减少或货币存量的增加所导致。

成本推动型通货膨胀是指在总需求水平不变的条件下，供给方面的成本提高导致总供给水平下降，这引起了一般物价水平的持续显著上涨。根据成本上升的原因，还可将成本推动型通货膨胀细分为工资推动型、进口成本推动型和利润推动型三种类型。工资推动型通货膨胀是指因工资增长过快而引起的通货膨胀，其发生需具备两个前提条件：一是劳动力市场为非完全竞争市场，非完全竞争市场下工会组织无节制的要求提高工资水平导致产品成本上升，在利润不变的前提下导致物价上升；其次货币工资增长率高于劳动生产率、增长率，当货币工资增长率超过平均劳动生产率时，单位产量的工资成本就会上升，从而引发通货膨胀。进口成本推动型通货膨胀是指由于原材料价格的上升引起生产成本上升，从而引发的通货膨胀。在全球化背景下，全球经济贸易关系日益紧密，资本流动量越来越大，各个国家的通货膨胀与外部因素关系也越来越大（Ciccarelli&Mojon，2005；Sousa&Zaghini，2007）。利润推动型通货膨胀也称价格推动的通货膨胀，是指市场上具有垄断地位的厂商为增加利润而提高价格所引起的通货膨胀。在产品非完全竞争市场上，具有垄断地位的厂商对产品的销售价格具有很强的控制力，其为增加利润而提高产品售价可能引发通货膨胀的发生。

混合型通货膨胀属于以上两种通货膨胀类型的综合，是指在需求拉动和成本推动的共同作用下导致的通货膨胀。现实经济中，单纯的需求拉动型或成本推动型通货膨胀较为少见，通货膨胀的产生往往既有需求方面的因素，又有供给方面的因素，两方面因素相互作用，从而引起物价水平的螺旋式上升。一方面，如果通货膨胀由总需求扩张引发，这时过度需求的存在会引起物价水平的上升，物价水平的上升可能会引起货币工资等后继成本增加，从而导致价格水平进一步向上攀升。另一方面，如果通货膨胀是从总供给方面开始的，如货币工资等成本的增加引起物价水平上升，若这一过程中没有总需求的相应增加，价格水平就会使需求减少，企业不得不减产，生产越来越萎缩，最终导致经济萧条，通货膨胀也会停止，在这种情况下，受资金紧张和经济停滞的压力所迫，货币当局通常会放松信贷，增加货币存量，从而促进总需求水平的提高，供给冲击与需求冲击相结合，可能会使得成本与价格的螺旋式上升，持续的物价上涨引发通货膨胀。

结构型通货膨胀是指由经济结构失衡引发的通货膨胀。结构失衡是指社会总供给的内部构成即总供给结构与社会总需求的内部构成即社会总需求结构间的失衡，具体可能表现为宏观经济中的部门比例、产业结构比例及若干重要产品的供求比例关系的失衡。即使总供求处于均衡状态，经济结构的变化也可能会使得一般价格水平上升，引发通货膨胀。社会经济结构的特点是，某些部门生产率提高速度快于其他部门，社会经济结构调整就是将生产要素从生产率较低的部门转移到生产率较高的部门，但这种调整往往需要较长时期，生产率水平较高部门的工资水平也较高，生产率水平较低的产业部门却要求其工资水平向生产率水平较高部门"看齐"，这会使得生产率水平较低产业部门生产成本上升，从而导致物价水平上涨。此外，很多经济体都出现过另一种形式的结构型通货膨胀，即普通商品价格相对平稳与资产价格通货膨胀共存。张晓慧等（2010）构建了一个两部门悖论模型对这种通胀的形成机理进行了分析，其认为以普通商品为代表的一般竞争性部门和以金融资产为代表的垄断性部门所面临的约束不同，两部门在产品供给和需求弹性上存在较大差异，经济加快增长过程中两部门产品相对价格差异会不断扩大，这样一般竞争性部门的利润空间和产品需求会受到挤压，从而产生上述一般物价水平相对稳定和资产价格膨胀并存的现象。

通货膨胀作为宏观经济中的一种复杂多变的经济现象，其产生受到多种因素的影响，随着宏观经济理论的不断发展，对通货膨胀产生机制理论的研究也日益丰富。其中，最为重要的通货膨胀产生机制理论是菲利普斯曲线理论。菲利普斯曲线理论自1958年提出以来，得到大量学者的研究和关注，很多影响通货膨胀的因素被纳入菲利普斯曲线中进行研究，使得通货膨胀产生机制理论得到不断完善。

最早的菲利普斯曲线无关通货膨胀率，Phillips（1958）提出的菲利普斯曲线研究的是失业率与货币工资变化率之间的关系，其表现形式是：在以失业率为横轴、货币工资变化率为纵轴的坐标图中，一条由左上方向右下方倾斜的曲线，它表明货币工资变化率与失业率间呈负相关关系。Samuelson&Solow（1960）通过假设产品价格是遵循"平均劳动成本固定价值法"而形成，工资的增加会相应提升价格水平，使用通货膨胀率代替货币工资变化率，提出了"失业—物价"形式的菲利普斯曲线。基于实际产出增长率与失业率存在反向变动关系的"奥肯定律"，一些学者使用实际产出增长率替换失业率，进一步提出了阐述实际产出增长与通货膨胀率之间的关系，即"产出—物价"形式的菲利普斯曲线。Friedman&Phelps（1967）认为原有的菲利普斯曲线理论忽略了通货膨胀预期的作用，因此他们将通货膨胀预期加入菲利普斯曲线，提出了建立在"自然失业率"假说基础上的附加预期的菲利普斯曲线，其可表示为：

$$\pi_t = \alpha \pi^e + \beta \frac{(y_t - y_t^*)}{y_t^*} + \varepsilon_t \qquad (2.9)$$

其中，$(y_t - y_t^*)/y_t^*$ 表示产出缺口，y_t 和 y_t^* 分别表示实际产出和潜在产出。π^e 表示通胀预期，其在这里是使用以前的通胀率 π_{t-1} 作为通胀预期的代表，即适应性通胀预期。由于适应性预期不能克服卢卡斯批判，Lucas（1972）提出了基于理性预期的菲利普斯曲线，即在上式中以 $E\pi_{t+1}$ 替代 π_{t-1} 作为通胀预期。Gordon（1996）进一步从宏观视角将通货膨胀的成因归纳为需求拉动、成本推动和通胀惯性三种因素，得到"三角"形式的菲利普斯曲线，其可表示为：

$$\pi_t = \sum_{i=1}^{k} \alpha_i \pi_{t-i} + \beta \frac{(y_t - y_t^*)}{y_t^*} + \gamma \eta_t + \varepsilon_t \quad (2.10)$$

其中，$\sum_{i=1}^{k} \alpha_i \pi_{t-i}$ 表示通胀惯性，η_t 表示外部成本冲击。

以上几种传统的菲利普斯曲线的缺陷是缺乏价格调整的微观基础，使得其发展受到很大约束，新凯恩斯主义者在此基础上发展了具有微观基础的菲利普斯曲线，其摒弃古典经济学派的市场出清假设，基于粘性价格和粘性工资假设，从垄断竞争厂商定价行为出发，在经济主体动态最优化决策分析和一般均衡分析的基础上推导出具有微观基础的新凯恩斯菲利普斯曲线。如 Calvo（1983）以及 Gali 和 Gertler（1999）建立的包含通胀预期 $E\pi_{t+1}$、通胀惯性 π_{t-1} 和实际边际成本 mc_t 的新凯恩斯菲利普斯曲线三因素模型：

$$\pi_t = \gamma_f E\pi_{t+1} + \gamma_b \pi_{t-1} + \lambda mc_t + \varepsilon_t \quad (2.11)$$

以及 Mankiw（2002）提出的基于粘性信息理论的新凯恩斯菲利普斯曲线模型：

$$\pi_t = \frac{\alpha \lambda}{1-\lambda} y_t + \lambda \sum_{j=0}^{\infty} (1-\lambda)^j E_{t-1-j}(\pi + \alpha \Delta y_t) \quad (2.12)$$

国内学者陈彦斌（2008）基于中国现实建立了包含通胀预期 $E\pi_{t+1}$、通胀惯性 π_{t-1}、外部供给冲击 os_t 和实际边际成本 mc_t 的新凯恩斯菲利普斯曲线四因素模型：

$$\pi_t = \lambda_f E\pi_{t+1} + \lambda_b \pi_{t-1} + \lambda_s os_t + \lambda_d mc_t + \varepsilon_t \quad (2.13)$$

还有学者将更多其他可能对通货膨胀产生影响的因素考虑进来，如杨继生（2009）进一步将居民消费 DS_t、厂商投资 BR_t、货币增长或流动性过剩 EL_t 对通胀的冲击也考虑进来了，建立了考虑因素更为全面的新凯恩斯菲利普斯曲线模型：

$$\pi_t = \lambda_f E\pi_{t+1} + \lambda_b \pi_{t-1} + \lambda_d mc_t + \phi_1 DS_t + \phi_2 BR_t + \phi_3 EL_t + \varepsilon_t \quad (2.14)$$

二、我国通货膨胀成因的相关研究综述

改革开放以来，我国经历了多次通货膨胀，1978年至2014年，我国大约经历了六次较明显的通货膨胀，分别为1980年CPI增长率7.5%、1985年至1989年CPI年均增长率11.64%、1992年至1995年CPI年均增长率15.8%、2003年至2004年CPI年均增长率3.1%、2007年CPI增长率6.51%、2010年至2011年CPI年均增长率4.33%。不同时期的通货膨胀成因有一定差异，国内外学者也对历次通货膨胀的成因进行了研究和解释。学者们对于我国上世纪90年代之前的通货膨胀的研究更多从我国经济体制或运行模式上进行研究。如樊纲（1995）认为，引起中国上世纪八九十年代通货膨胀的最主要的特殊体制原因就是"放权让利"后在国有经济内部形成的"软约束竞争"，使得企业成本转嫁引起通货膨胀，这是一种典型的成本推动型通货膨胀。刘扬（1998）对我国1978年至1996年四次物价波动周期进行了分析，其认为高位价值处于支配地位是我国经济运行的重要特点，也是造成我国上世纪90年代中期以前我国经济反复出现高通货膨胀现象的根源。高位价值支配的供给，在性质上是一种短缺供给，其直接原因在于供给效率过低，而高位价值支配的需求又总是显得过剩，因此，必然导致速度和效益的失衡。由于速度和效益失衡，经济增长就只能依靠高投入、高消耗，依靠总量的增长、规模的扩大。这样即使表现出一时的经济繁荣也不可能持久，因为总供求缺口在持续扩大，过度的投入和增长决定了经济运行中长期存在着通货膨胀的压力，特别是在货币发行不能受到严格控制时，便会导致大幅度通货膨胀。

很多研究得出我国通货膨胀具有重要的成本推动型特征。如Kojima等（2005）发现1978—2004年间中国名义单位劳动成本与通货膨胀间具有较高的相关性，据此其判断工资上涨可能是导致通货膨胀的重要因素。Ryota等（2005）的研究也得出工资增长在很大程度上推动了我国的通货膨胀，此外，长期而言，货币存量冲击同样是我国通货膨胀的格兰杰原因，因此我国的通货膨胀与成本因素及货币因素都有关联。杨柳和李力（2006）的研究得到，能源价格上涨引起的成本推动是2005年通货膨胀产生的主要原因。魏金明等（2010）实证研究了我

国货币存量冲击对通货膨胀的传导途径，得出货币主要依靠投资及资产价格途径向下传导，而投资及资产价格又主要通过对生产和生活成本的影响传导通货膨胀，因而得出我国通货膨胀具有成本推动型特征结论。齐杨和柳欣（2011）的研究也得到了类似结论。

也有学者认为我国通货膨胀的产生具有显著的结构性因素特征。如吴军和田娟（2008）从总需求与总供给两个层面出发对我国通货膨胀进行了研究，得出我国 2007—2008 年通货膨胀主要源于经济结构层面。沈悦和申建文（2012）实证分析了我国部门瓶颈等因素与通货膨胀的关系，得出农业部门瓶颈制约较为明显时，产品供给弹性较低，需求增加，导致农业劳动力、农产品价格上涨，从而引发结构性通货膨胀。

但更多的研究还是认为，我国通货膨胀的形成兼具需求拉动和成本推动的特征，且需求因素或货币因素是最重要因素。刘金全等（2004）认为，通货膨胀的成因主要有以货币扩张为代表的名义需求扩张和以消费需求扩张为代表的实际需求扩张。范志勇（2008）对 2007 年我国通货膨胀的成因进行了分析，其基于 2000 年之后我国超额工资增长与通货膨胀的关系进行检验，结果表明货币存量而非超额工资增长是通货膨胀变化的主要因素。方勇和吴剑飞（2009）分析了中国通货膨胀的诱发因素，发现造成 2007 年通货膨胀的最主要原因是货币的过度发行。吴军等（2011）建立模型并实证分析得到，2000 年以来通货膨胀的产生是需求因素、信用因素所引发的，而单纯的供给因素不会引发较高的通货膨胀问题，且 2010 年后的通货膨胀的产生主要源于需求因素。刘军（2011）通过对 2005—2010 年数据构建货币存量、经济增长与通货膨胀模型分析，得出短期内影响通货膨胀的主要因素是经济增长，而长期影响通货膨胀的因素是货币存量。傅强等（2011）研究分析了 1995—2010 年间我国通货膨胀的主要影响因素，得出流动性过剩因素的影响程度最大。赵昕东和耿鹏（2010）、黄益平等（2010）对我国通货膨胀的决定因素的研究也得到了类似的结论。

通过以上研究可以看出，影响我国通货膨胀的主要因素源于需求方面，并且货币因素是影响通货膨胀的重要因素。

第三节 货币增长与通货膨胀的关系理论

一、货币数量论

货币数量论是关联货币增长与通货膨胀间的最具代表性理论，货币数量论经历了较长时期的发展，大致可分为三个阶段，即古典时期的货币数量论、近代货币数量论和现代货币数量论。

古典时期的货币数量论最早可追溯到古罗马时代，早在公元200年，鲍尔斯鸠就有"货币价值被货币数量所左右"的理论观点，虽然缺乏科学论证，但他引入了货币数量和货币价值间关系的概念，成为货币数量论的萌芽。法国思想家Jean Bodin为早期货币数量论的创始人，其用货币数量论解释了美洲大陆开放后大量美洲金银流入欧洲带来的欧洲物价飞涨的经济问题。之后相关代表性观点有：David Hume提出"商品价格总是与货币数量成比例"、Richard Cantillon提出"一国中货币的充裕与稀缺永远会提高或降低交易中的所有商品的价格"、David Ricardo提出"流通中的货币数量，取决于货币本身的价值和商品流通的价值总额"等。英国学者Briscoe（1694）和Lloyd（1771）最早以方程式的形式提出了货币数量论，他们的货币数量方程式是一个均衡价格水平决定模型：$M=PQ$，其中，M表示货币存量，P表示物价水平，Q表示通过货币交易的货物的数量。古典时期的货币数量论者是基于货币数量增加和物价上升并存的现象而提出了货币数量论，其从现象出发进行研究，缺乏科学论证。此外，他们主要关注的是流通领域的货币，并没关注货币的其他职能，从而认为货币的价值仅仅是由流通中的货币数量决定的，这种观点无疑是不够完善的。

近代货币数量论者的主要代表是Fisher和Pigou。Fisher（1911）提出了费雪交易方程式：$MV=PT$，其中M表示货币数量，V表示货币流通速度，T表示社会商品总交易量，P表示一般物价水平。Fisher认为，货币需求量既是商品交易量与价格水平的乘积，又是一定货币数量与货币流通速度的乘积。这一理论忽略人们的持币动机，认为货币需求量是由交易量和交易速度决定的，因而也被称为交易恒等式，其理论还是强调货币在流通领域的交易职能。对上述交易方程式进行适当变换，可得：P=MV/T，Fisher 认为，货币流通速度 V 由社会习惯等因素决定，其具有长期稳定性，由于市场出清，商品交易量 T 也是一个较稳定的因素，因此，价格水平会随着货币数量的变动而成比例变动，价格水平只是货币数量的函数。Pigou 于 1917 年提出了注重货币的贮藏手段的剑桥方程式，又称现金余额方程式，其基本表达式为：M=kPY。式中，P 表示价格水平，Y 表示实际收入，PY 表示名义收入，k 表示以货币形式保持的财富占全部财富的比例，它是一个常量。与费雪交易方程式相比，剑桥方程式更加强调 k 和现金余额，其将储蓄动机看作影响价格水平的重要因素。近代货币数量论的发展使得货币数量论的理论框架更加完善，同时，它将货币数量论推向了公式化的进程。

现代货币数量论的主要代表是 Friedman 的理论。现代货币数量论不再从人们持有货币的动机出发来研究货币需求，而是将货币看作一种资产，看作一种持有财富的方式或提供生产劳务的资本货物。Friedman 认为影响货币需求的因素主要有：债券和股票等资产的预期收益、非人力财富对人力财富的比例、财富总额和财富所有者对各种财富的偏好等，用公式表示如下：

$$\frac{M}{P} = f(Y_p, r_b - r_m, r_e - r_m, \pi_e - r_m, w, \frac{Y}{r}, u) \quad (2.15)$$

式中，M/P 表示对真实货币余额的需求；Y_p 表示永久性收入，即所有未来预期收入的折现值，也可理解为长期平均收入；r_m 表示货币预期收益率；r_b 表示股票预期收益率；r_e 表示债券预期收益率；π_e 表示预期通货膨胀率；w 表示表示非人力财富对人力财富的比例；Y/r 表示财富总额；u 表示财富所有者对各种财富的偏好。现代货币数量论指出，短期内货币数量的变化在对价格水平和实际产出都会产生一定影响，但长期看来，货币数量的变化只会影响价格水平，而不会对产出有任何作用。当货币存量增加而货币需求不变时，人们会调整自己不同财富资产的比例以获得更好的收益，从而使得整个经济体系中资产组合发生变化，生产者会根据消费需求的变化和生产成本的变化为产品重新定价，货币存量变化通过这样的机制使价格达到一个新的均衡水平状态。

二、货币中性理论

货币中性理论与货币数量论有一些共性，不过货币中性理论更多强调的是货币存量与实际变量间关联性的问题。所谓货币中性是指货币存量的变动最终对实际产出、实际利率等实际变量没有影响,而只能影响名义价格与名义工资等名义变量(Bullard,1999);反之,如果货币存量的变动对实际变量有影响则称之为货币非中性。

古典经济学派认为货币不过是覆盖于实体经济上的一层面纱,其对实体经济过程不产生实质性影响,即认为货币是中性的。Wicksell认为货币并不是中性的,即货币可以对实体经济产生影响,其提出了自然利率与货币利率的概念,认为在多数时期实际经济活动的自然利率与货币利率并不一致,货币存量变化可以通过影响利率水平而对生产价格产生影响,进而导致相对价格的变化,使得货币非中性。凯恩斯学派也认为货币非中性,即货币能够对实体经济产生影响,主要依据在于:一方面,利率受货币存量和货币需求两方面影响,货币存量可以通过影响利率而对投资和总需求产生影响;另一方面,货币作为一种资产形式,人们会根据其供给变化而改变资产组合,从而影响投资和总需求,最终影响实际产出。Friedman等将货币中性区分为长期和短期,认为在短期内货币可以对实际经济变量产生影响,即短期内货币非中性;而从长期来看,货币只影响名义变量,不能影响实际经济变量,即长期看货币是中性的。理性预期学派则认为货币学派对短期和长期的划分并无实际意义,重要的是人们的预期,现实经济中人们都是理性预期行为者,哪怕在短期内其对货币存量的变化都是可以预期的,因此人们可以提前对其作出反应,从而使得货币存量的变化对实际经济变量无法产生影响,货币存量的增长全部反映为价格水平的上涨。货币中性理论在各个学派的争议推理中不断演进,直到目前也没有达成一致的结论,但目前实际上许多宏观经济模型都以货币长期中性、短期非中性作为前提假设。有学者认为货币长期中性的假设在现代货币主义学派和理性预期学派的论证和倡导下被现代宏观经济学广泛接受(Ekomie,2013)。但也有学者认为这一假设的合理性值得质疑(Westerlund&Costantini,2009),至少需要检验来支持。

综上所述,对通货膨胀的研究可分为需求拉动型、成本推动型以及结构型三种角度,更多学者认为我国通货膨胀主要是需求拉动型,投资和消费被视为拉动需求的重要因素。而同时货币因素在其中也发挥了重要作用,一些研究也同时将货币因素和需求因素划为同一类,但目前较少有研究对货币因素和需求因素的关系以及背后的传导机制进行研究。本书将基于这一角度,试图从投资和消费角度建立货币与通货膨胀之间关系的传导机制。

从相关理论研究可以看出,对于货币扩张原因一直都存在货币内外生的争论,货币内生论与货币外生论作为经济学研究的两种理论范式,在经济发展过程中都具有一定范围内、阶段性的合理性,这就意味着在不同的经济体及其不同发展阶段都需要对理论范式的适用性问题进行探究。本书基于我国特殊的经济现实,探讨货币内、外生理论在我国的适用情况,根据两种理论不同的适用条件选择更加适合我国经济现实的理论作为研究的出发点。具体分析将在以下几个章节中展开。

第三章 我国M2扩张原因

本章阐明了M2扩张的货币化原因、资本市场原因以及其他原因。详细解释M2扩张的过程和驱动因素，对我国货币总量扩张的内生性和外生性进行辨别分析，并指出货币外生论角度在实际应用中的瑕疵。

第一节 M2扩张的传统解释

一直以来中外学者对于M2扩张的原因进行了大量的研究，形成了不同的观点与结论。

一、货币化原因

易纲（1996）开创性地提出了货币化假说，认为改革开放初期我国M2/GDP偏高的原因是经济货币化的过程，该理论也得到了学界的普遍认可。之后，张杰（1997）、秦朵（1997）、黄昌利和任若恩（2004）等也纷纷用货币化理论从不同视角来解释"中国之谜"问题。根据易纲（1996）、张杰（1997）等人对于货币化进程的预测，他们认为我国货币化进程在20世纪90年代中期已达到顶点，随之而来的将是货币化收益由递增到递减，货币化进程显著放慢，超额货币供给会带来巨大的通货膨胀压力。然而进入21世纪以后，我国M2增长呈现出更加猛烈的趋势，但并没有出现之前学者们所预测的高通胀，M2与通货膨胀之间反而出现了更加严重的偏离。

张文（2008）提出，虽然20世纪90年代中期以后产品的货币化进程基本结束，但生产要素的货币化进程才刚刚开始，原来非流通的土地、房屋、企业资产等大规模变为可交易品,存量要素以货币为媒介在市场上交易,导致我国货币需求不断提高。

二、资本市场原因

随着早期货币化解释的失效,资本市场发展成为学者们关注的焦点。在欧美发达国家经济中,资本市场发展较早,在国民经济中占有重要位置,是企业和居民投资的首选。

弗里德曼(1997)研究发现1982—1987年美国M2增长率为48%,名义GDP只增长了40%,但是在这一时期美国物价基本处于稳定状态,而美国400种工业股票指数则上涨了175%,股票市值增加了近1万亿美元,恰好和同期的M2的增加额相抵。这种现象也同样出现在日本,薛敬孝(1996)研究发现1987—1990年日本的货币存量平均在10%以上,而GDP的增长率不超过6%,物价基本上处于零增长状态,超额货币主要被股价和地价的大幅上涨所吸收。

一些国内学者参考国外研究思路对我国M2与通胀关系进行研究,帅勇(2002)提出了包括资本存量货币化在内的广义货币化假说,认为股票、债券、房地产等在内的存量资本也存在一个货币化的过程。他构建了一般多元回归模型,结果显示货币供应量与通货膨胀之间呈反向关系。伍志文(2003)运用虚拟经济和不确定性的有关理论,对"中国之谜"进行分析,认为中国货币虚拟化过程带来的不确定性是造成货币供应量和物价反常现象的原因,资产市场发挥了货币储水池的作用,减缓了货币供应量变化对商品价格变动的影响。

然而与西方发达国家相比,我国资本市场发展较慢,尚处于初级阶段,其发展速度与M2增长速度并不相匹配,之后一些学者研究也表明,资本市场并不能用来作为我国M2高速增长的解释。本书研究发现,资本市场对于M2增长起到了一定的作用,但其并不是主要原因。

三、其他原因

其他学者也从居民储蓄率、不良贷款、货币渗漏等方面对我国M2的高速增长原因进行了研究。

秦朵(2002)研究了我国货币存量增长与居民储蓄行为间的关系,研究发现我国的 M2/GDP 比率持续超高速增长主要可归因于储蓄存款的高速增长。余永定（2002）认为我国 M2/GDP 水平的上升主要源于居民的储蓄存款偏好和高不良债权率，而资本市场的不发达和企业资金利用水平低下客观上加剧了这一问题。张曙光和张平（1998）认为 M2 增长过快的原因是储蓄存款的过快增长和银行不良贷款急剧增加。刘明志（2001）和余永定（2002）都认为我国 M2/GDP 居高不下的原因是高居民储蓄率、高不良债权率、资本市场不发达等。贾春新（2000）认为我国的 M2/GDP 比率上升主要是经济市场化和财富再分配的结果，同时表明我国仍处在金融改革深化的过程中。但金融深化理论却无法解释为何我国的 M2/GDP 比率会远高于一些金融发展程度更高的发达国家。

裴平和熊鹏（2003）认为，我国货币政策传导过程中存在大量货币向股票市场"漏斗"和银行体系"黑洞"的渗漏，由此造成大量货币不能作用于实体经济环节，由此造成了所谓的"超额"货币现象。韩平等（2005）认为，由于我国具有经济发展和转轨的双重特征，银行坏账、居民储蓄以及地方政府的投资冲动等共同导致了较高的资金沉淀水平，由此使得我国 M2/GDP 的动态增长路径偏离于理论最优路径，并导致了"超额"货币现象。黄桂田等（2011）则认为中国经济中长期存在的金融抑制直接或间接导致居民的货币需求增加，因此政府为维持经济增长以避免出现通货紧缩，必定要为这些超额的货币需求增发超额货币，从而导致中国的高货币化。

然而事实证明上述原因与我国经济发展实情并不相符。本书将从我国经济发展的特殊性角度出发，探讨我国货币扩张与经济发展之间的联系，解析我国货币扩张的原因。

第二节　M2 扩张的内生性解释

一、M2 扩张过程

我国 M2 一直保持着两位数的高速增长，其背后的推动因素是什么？在我国经济金融发展特点基础上，参照国际货币基金组织的划分层次，我国货币存量划分为如下结构：

M0= 流通中的现金

M1=M0+ 各单位活期存款

M2=M1+ 储蓄存款 + 各单位定期存款

如图 3-2-1 所示，2001 年以来，我国 M0 增长比较平稳，M1 小幅上涨，M2 增长较快。到 2018 年 5 月我国 M2 余额为 174 万亿元，是 2000 年底的 12.3 倍，年均增长率为 15.7%；M1 余额为 52.6 万亿元，是 2000 年底的 9.6 倍，年均增长率为 14.75%；M0 余额为 6.98 万亿元，是 2000 年底的 4 倍，年均增长率为 10%。由于 M2 与经济具有较强的相关性，从上世纪 90 年代起，M2 一直被视为货币政策的中介目标，为促进经济增长作出了巨大贡献，并将继续发挥作用，研究的货币存量就是广义货币存量 M2。

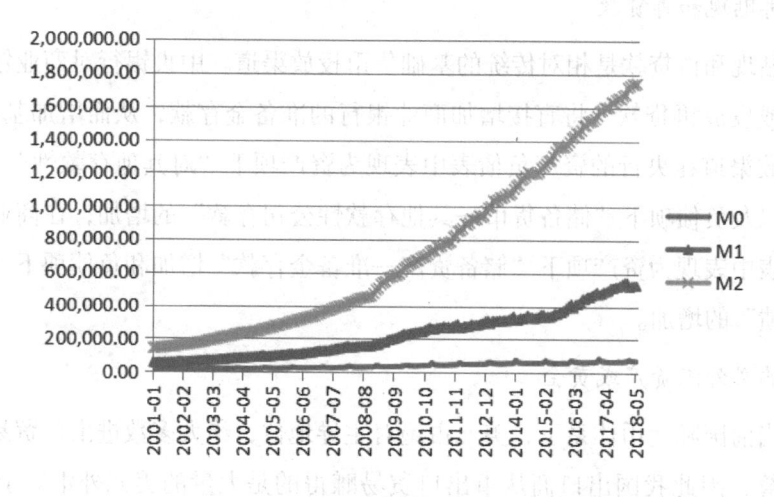

图 3-2-1　2001 年以来我国各层次货币存量余额

在各层次货币存量中，与 M1、M0 不同的是，我国 M2 长期保持高增速，与我国特殊的经济发展模式有关。改革开放以来我国经济长期保持高速增长，成为世界经济史中的一个奇迹，但是在长期经济增长过程中，并非一帆风顺，任何经济发展都会经历经济周期上升和下降的过程。在我国经济处于经济周期下行阶段时，政府往往以扩张性的财政刺激政策来平抑经济波动，而每当大规模财政刺激计划出台时我国 M2 也同时出现大幅上升的情况，其中最为明显的是 2008 年出台"四万亿"投资计划期间，M2 增速明显快于以往。大规模的财政刺激计划在拉动经济增长，帮助企业平稳过渡的同时，也加速了房地产市场和股票市场泡沫形成，吸引国际热钱涌入，货币存量的增长与资产价格的上涨密不可分。

根据货币创造理论，货币存量可表达为基础货币与货币乘数的乘积。以下将从这两个方面进行分析。

（一）基础货币投放

基础货币又称高能货币、货币基数，它是中央银行的债务凭证、银行贷款和存款倍数扩张的源泉。基础货币的来源在不同国家情况有所不同，盛松成和翟春（2015）对于基础货币唯一来源中央银行负债和由中央银行、财政部的负债共同组成两种情况进行了讨论，我国基础货币唯一来源是中央银行负债，投放渠道主要有三，即再贴现或再贷款、购买外汇资产、购买有价证券。

1. 再贴现和再贷款

再贴现和再贷款是相对传统的基础货币投放渠道。中央银行对商业银行进行再贴现或发放再贷款，将直接增加商业银行的准备金存款，从而增加基础货币。这一投放渠道在央行的资产负债表中表现为资产项下"对其他存款性公司债权"的增加以及负债项下"储备货币—其他存款性公司存款"的增加；在商业银行资产负债表中表现为资产项下"储备资产—准备金存款"增加和负债项下"对中央银行负债"的增加。

2. 购买外汇资产或黄金

在当前国际货币体系下，美元占绝对主导地位，绝大多数进出口贸易都是以美元结算，因此我国出口商从事出口贸易赚得的是大量的美元外汇。上世纪90年代，由于当时我国外汇储备水平较低，因此我国在1994年的汇率制度改革中推出了"强制结售汇"制度，从而使得中央银行购买外汇资产成为央行投放基础货币的又一渠道，央行购买商业银行的外汇资产也会直接导致商业银行的准备金存款增加，从而增加基础货币。这一投放渠道在央行的资产负债表中，表现为资产项下"国外资产"的增加以及负债项下"储备货币—其他存款性公司存款"的增加；对应商业银行资产负债表资产项下"国外资产"的减少和"储备资产—准备金存款"增加。此外，央行购买黄金也可投放基础货币，但是购买黄金占比较少。

这一渠道在某些时期甚至成为我国基础货币投放的主渠道，也导致我国外汇储备水平逐年上升。伴随 2007 年央票发行逐步退出历史舞台[①]，这一基础货币投放渠道所占比重开始下降。

3. 购买有价证券

买卖有价证券属于中央银行为调节基础货币而进行的公开市场操作行为。我国《中国人民银行法》规定："中国人民银行不得对政府财政透支，不得直接认购、包销国债和其他政府债券。"因此，央行只能通过向商业银行等其他金融机构购买政府债券来对政府财政予以支持，央行向商业银行购买债券会直接导致商业银行准备金存款增加，从而增加基础货币。这一投放渠道在中央银行的资产负债表中，表现为资产项下"对政府债权"的增加以及负债项下"储备货币—其他存款性公司存款"的增加，在商业银行资产负债表中表现为资产项下"对政府债权"减少和"储备资产—准备金存款"增加。值得一提的是，中央银行也可以发行中央银行债券（俗称"央票"），中央银行通过发行央行债券可以回收基础货币，短期内，中央银行也可以通过购回央行债券的方式投放基础货币。购回央行债券的操作在中央银行资产负债表中，表现为负债项下"发行债券"减少和"储备货币—其他存款性公司存款"增加，在商业银行资产负债表中，表现为资产项下"对中央银行债权"减少和"储备资产—准备金存款"增加。除了购买中央银行债券和政府债券，中央银行还可能通过间接购买非金融性部门的有价证券来调节基础货币投放。

20 世纪八九十年代，人民银行主要通过再贷款和再贴现这两种渠道进行基础货币的投放。1993 年，86.6% 的基础货币是通过上述这两种渠道投放出去的，通过外汇资产渠道投放的基础货币比例仅为 12.6%。平均来看，从 1993 年到 2000 年间，我国基础货币主要是通过再贷款和再贴现投放的。

21 世纪以来，随着我国加入 WTO，开启了出口驱动的经济增长模式，在强制结汇的汇率制度下，随着我国对外出口顺差的不断扩大，我国外汇占款规模迅速增长，逐渐成为人民银行投放基础货币的主要渠道，与之形成鲜明对比的是，再贷款和再贴现占比不断降低。2009 年外汇占款比例高达 121.8%，为历史最高水平，2007 年起再贷款和再贴现占比降至两成以下。虽然最近几年，外汇占款增速放缓，但依然是基础货币投放的主要来源，达到九成以上。外汇占款大幅增长

---

① 央票发行逐步退出历史舞台的原因在本书后面部分会加以说明。

造成基础货币被动发行。从 2003 年开始，中国人民银行通过公开市场操作，发行央票以回收流动性货币，降低基础货币量。从货币当局对基础货币的调控能力来看，央行对外汇占款的控制力要远远低于再贷款和再贴现，外汇占款增长使得央行对基础货币的调控能力弱化。

2015 年之前我国 M2 长期保持两位数的增长水平，自 2015 年开始，由于外汇占款逐步减少，央行开始逐步下调法定存款准备金，基础货币增速也随之减慢。

（二）货币乘数变化

根据广义货币乘数公式：

$$m_2 = M2/B \tag{3.1}$$

其中，m_2 为广义货币乘数，M2 为广义货币存量，B 为基础货币。

M2 可分为流通中的现金（C）与其他各类存款（D）；B 可分为流通中的现金（C）与准备金，而准备金包括法定存款准备金（R）、超额存款准备金（E）和其他准备金（O）。

式（3.1）可变形为：

$$\begin{aligned} m_2 &= \frac{(C+D)}{(C+R+E+O)} \\ &= \frac{(1+C/D)}{(C/D+R/D+E/D+O/D)} \\ &= \frac{1+c}{c+r+e+o} \end{aligned} \tag{3.2}$$

其中，通货比率 c=（C/D）；存款准备金比率 r=（R/D）[①]；超额存款准备金率 e=（E/D）；其他存款准备金率 o=（O/D）。

参考盛松成（2015）的分析方法，对式（3.2）两边取对数，可得：

$$\ln(m_2) = \ln(1+c) - \ln(c+r+e+o) \tag{3.3}$$

进一步对式（3.3）两边同时求时间 t 的导数，可得：

[①] 此处"存款准备金率"是针对商业银行在中央银行的法定准备金总额而言，与中央银行对商业银行规定的法定存款准备金率有所不同，在商业银行完全按法定存款准备金率要求将可贷资金完全贷出的理想状态下，二者相同；但事实上，只要商业银行没有这么做，二者就会有所不同。

$$\frac{d\ln m_2}{dt} = \frac{1}{1+c}\frac{dc}{dt} - \frac{1}{c+r+e+o}(\frac{dc}{dt}+\frac{dr}{dt}+\frac{de}{dt}+\frac{do}{dt})$$

$$= (\frac{1}{1+c} - \frac{1}{c+r+e+o})\frac{dc}{dt} - \frac{1}{c+r+e+o}(\frac{dr}{dt}+\frac{de}{dt}+\frac{do}{dt}) \quad (3.4)$$

如图 3-2-2 所示，自 2001 年以来，我国 M2 乘数呈现波动趋势，2001 年至 2006 年间货币乘数由 3.83 上升到 5.18，上升了 1.35，主要由超额存款准备金率下降引起，其间，央行大量发行央票并上调法定存款准备金率导致超额存款准备金率下降；2006 年至 2008 年间货币乘数下降约 1.5，主要由法定存款准备金率上升引起，其间央行逐步放弃了发行央票，主要依靠上调法定存款准备金率回收货币；2008 年至 2014 年间，货币乘数基本保持平稳态势，主要与这期间法定存款准备金率先上升后下降的趋势有关；2014 年后，我国货币乘数呈现上升趋势，主要由于法定存款准备金率的下降。

可以看出法定存款准备金率是影响货币乘数变化的重要因素，而央行可以直接控制法定存款准备金，但是需要注意的是，央行调整法定存款准备金的操作并不是为了通过控制货币乘数从而控制货币存量，央行货币政策操作的主要目的是为了控制通货膨胀，而非货币存量，具体原因将在下一章中进行阐述。

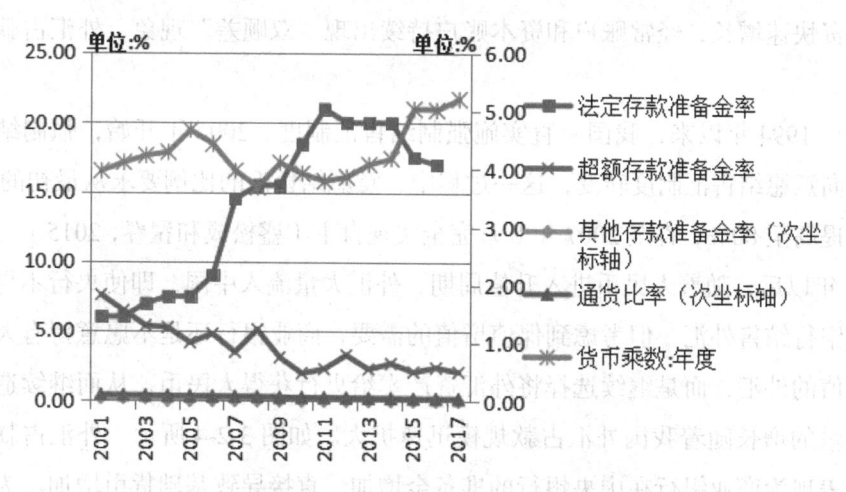

图 3-2-2 2001 至 2017 年间我国货币乘数各决定比率变化

二、我国 M2 扩张的驱动因素

货币是一国经济的衡量手段，货币的发行也总是与经济发展模式有密切关系，本书认为我国 M2 的高速增长主要是由于我国特有的经济发展模式。上述货币创造理论从基础货币和货币乘数两个方面介绍了我国 M2 的结构，下面本书将从这两个方面来分析我国 M2 高速增长的原因和过程。

（一）出口驱动型增长模式

改革开放以来，基于我国巨大的人口红利优势，我国经济发展在一定程度上形成了出口驱动的经济发展模式，以劳动密集型产业为主，为世界提供中低端产品，成为全球价值链中重要的一环。由此，也带动中国经济快速发展。

为实现出口产品在国际市场中的价格优势，改革开放以来我国汇率进行了大幅贬值，从 1979 至 1994 年汇率实施双轨制阶段，美元兑人民币汇率从 1979 年的 1.555 贬值为 1994 年的 8.619，贬值幅度达 4.5 倍。之后美元兑人民币汇率一直保持在 8.28，直到 2015 年 8 月中国人民银行宣布调整人民币兑美元汇率中间价调整机制，使得人民币兑美元汇率走向市场化，自此，美元兑人民币汇率也走入逐渐下降的通道。

从 2001 年加入 WTO 开始，中国开启了出口驱动型的经济增长模式，如图 3-2-3 所示，我国出口额自 2001 年开始迅速增长。同时随着对外开放的加深，利用外资快速增长，经常账户和资本账户持续出现"双顺差"现象，外汇占款迅速上升。

自 1994 年以来，我国一直实施强制结售汇制度。2002 年开始，强制结售汇制度向意愿结售汇制度转变，这一过程中，意愿结售汇的比例要求从最初的 20% 逐步提高至 80%，直至 2007 年 8 月完全实现自主（盛松成和翟春，2015）。其中，2005 年以后，随着人民币进入升值周期，外汇大量流入中国，即使央行不再强制商业银行结售外汇，但考虑到保值增值的需要，商业银行还是不愿意持有大量将会贬值的外汇，而是继续选择将外汇资产卖给央行获得人民币，从而继续造成货币存量的增长随着我国外汇占款规模迅速扩大。如图 3-2-4 所示，外汇占款增加主要表现为商业银行在中央银行的准备金增加，直接导致基础货币增加。为了对冲有外汇占款所导致的货币被动发行，央行先后利用发行央行票据和调整法定存款准备金的手段来回收货币。

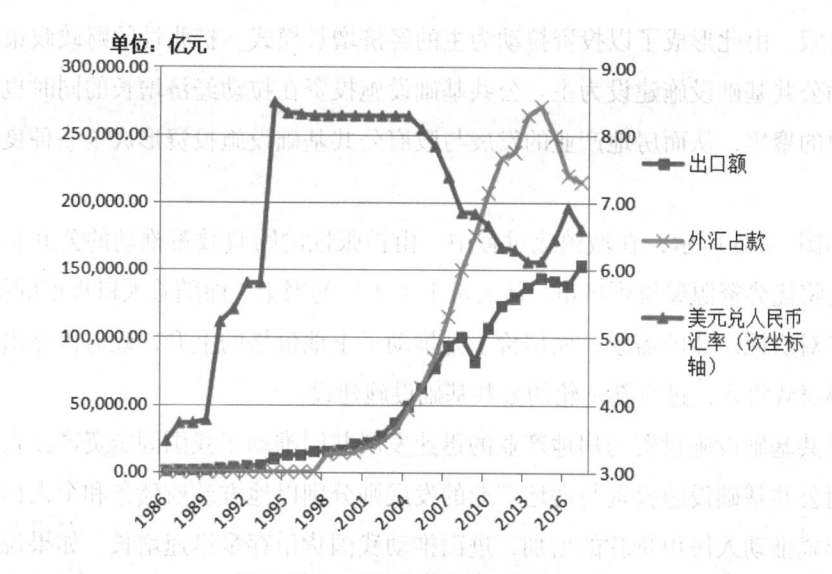

图 3-2-3　美元兑人民币汇率与出口额

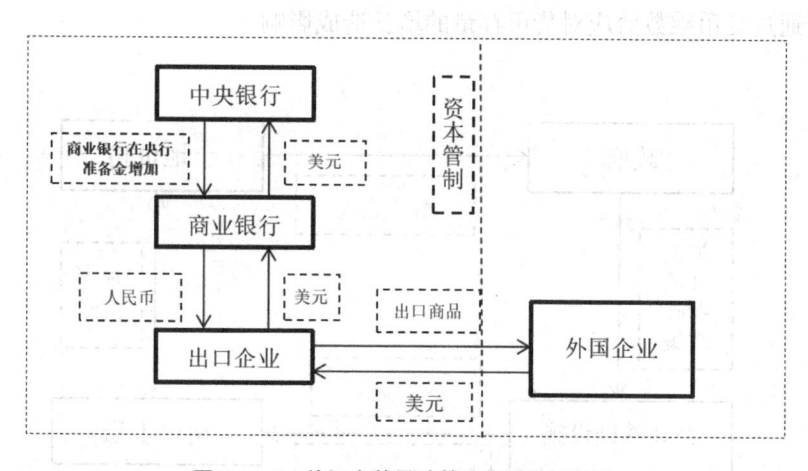

图 3-2-4　外汇占款导致基础货币增加过程

总的来说，出口驱动型模式主要导致外汇占款增加，外汇占款增加直接作用于基础货币，虽然外汇占款规模不断扩大，但是央行先后运用发行央行票据和调整存款准备金的方式来对冲外汇占款的增加，依然将基础货币控制在央行可控范围之内。

（二）投资拉动型增长模式

改革开放之初，我国基础设施较为落后，虽然人口基数较大，但人均消费能力有限，由此形成了以投资拉动为主的经济增长模式。扩张性的财政政策主要以推动公共基础设施建设为主。公共基础设施投资在拉动经济增长的同时也带来了资源的聚集，从而房地产业的发展与政府公共基础设施投资形成了一种良性的互动。

如图 3-2-5 所示，在城镇化过程中，由扩张性的财政政策推动的公共基础设施投资将优势资源聚集到城市，从而带来了人口的聚集，而随着人口规模的扩大，带来了对房地产业的需求，而房价上升推动了土地价格的上升，政府依靠出售土地获得财政收入，进行新一轮的公共基础设施建设。

公共基础设施投资与房地产业的迅速发展共同推动了我国固定资产投资的增加，而公共基础设施投资与房地产业的发展则分别以地方政府债务和个人信贷的不同形式推动人民币贷款的增加，进而推动我国货币存量迅速增长。如果说外汇占款增加主要造成基础货币增加的话，那么公共基础设施投资与房地产业的发展则主要通过货币乘数效应对货币存量的增长造成影响。

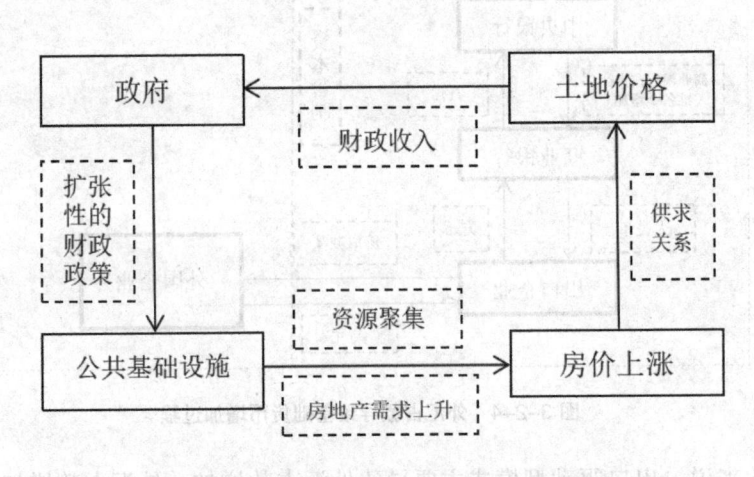

图 3-2-5 公共基础设施投资与房地产业的互动关系

如图 3-2-6 所示，地方政府通过地方政府融资平台向商业银行获得贷款，进行公共基础设施建设，当资金以各种费用形式流入相关企业后，所得利润部分又以银行存款的形式成为商业银行可贷资金，在这个循环过程中，央行并没有通过公开市场操作增加商业银行的可贷资金，只限定了商业银行的法定存款准备金率，货币存量增加主要通过改变货币乘数实现。

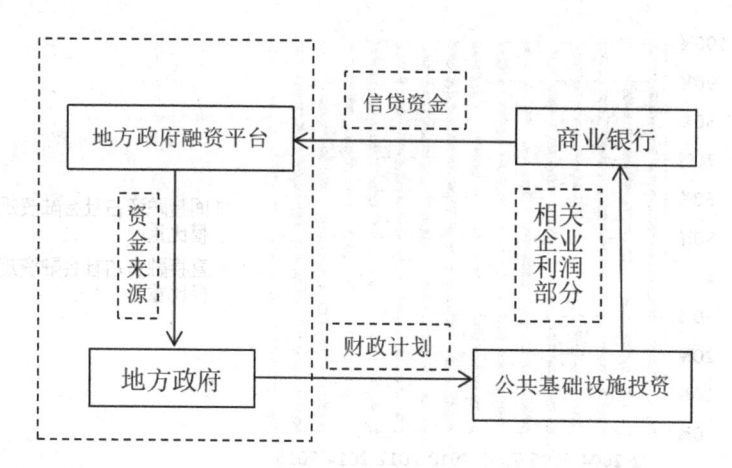

图 3-2-6　公共基础设施投资的信贷扩张过程

如图 3-2-7 所示，信贷资金从商业银行经过购房者流入房地产企业，房地产企业将获得的收入支付相关产业链中的费用和报酬，所有资金所得者又会将除去用于再生产部分以外的利润部分再存入银行，实现了资金的循环。与上述过程一样，在这个循环中，货币存量增加主要通过改变货币乘数实现。

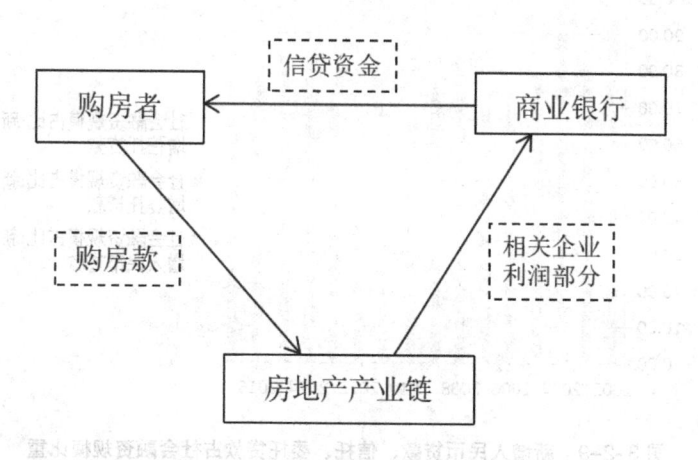

图 3-2-7　房地产业的信贷扩张过程

从融资结构来看，我国资本市场不发达，直接融资规模较小，2006 年之前社会融资规模占比不足 10%，直到 2015、2016 年才占到社会融资规模 20%，社会融资主要以间接融资为主（图 3-2-8）。

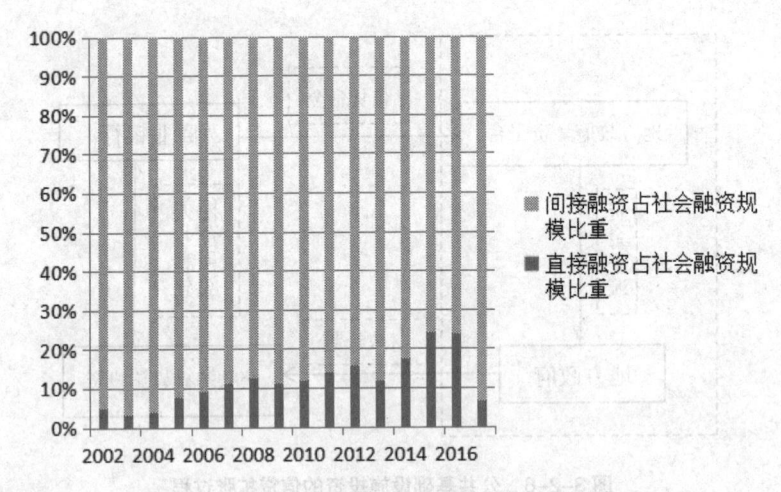

图 3-2-8 2002年以来我国直接融资和间接融资占比

而间接融资中，以新增人民币贷款为主，如图 3-2-9 所示，从 2002 年到 2017 年，新增人民币贷款占社会融资规模比重平均值为 68%，如果将该比例再除去间接融资占比，那么新增人民币贷款占间接融资比重平均值为 80% 左右。

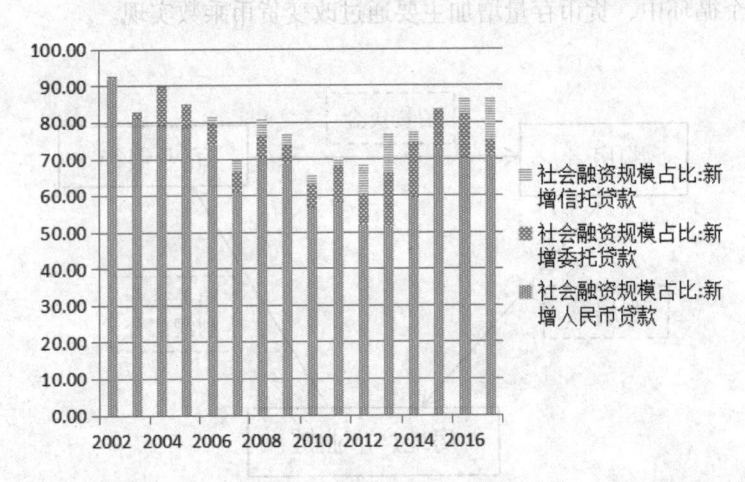

图 3-2-9 新增人民币贷款、信托、委托贷款占社会融资规模比重

如图 3-2-10 所示，新增人民币贷款增长与固定资产投资基本保持同样的变动趋势，说明由推动公共基础设施投资的地方政府融资平台债务与推动房地产业发展的个人住房贷款是新增人民币贷款的主要构成部分。而新增人民币贷款、固定资产投资与 M2 保持一致的变动趋势也说明我国公共基础设施和房地产业所代表的固定资产投资是货币存量增长的重要原因。

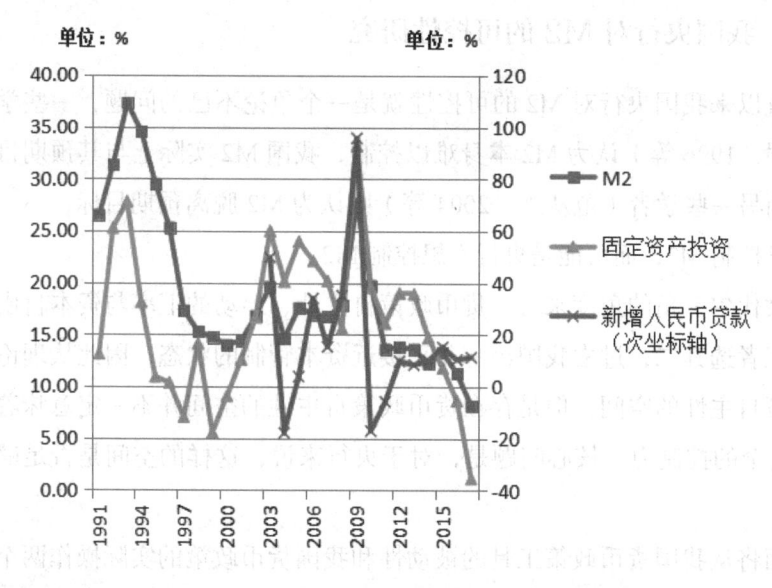

图 3-2-10 我国 M2、固定资产投资和新增人民币贷款增长率

第三节 我国货币总量扩张的内生性和外生性辨析

在研究货币存量扩张的原因方面，货币内、外生理论一直存在较大争议。从不同的角度研究同一个问题可能得出不同的结论，究竟哪种更加合理，取决于两种理论范式对于当期经济现实的适用性。货币外生论与货币内生论都是从货币数量方程出发，但所研究的对象不同，货币外生论是以 $M \rightarrow P$ 为核心，而货币内生理论则以 $PY \rightarrow M$ 为核心，两种不同的理解决定了二者所关注的变量有所不同。货币外生论更加关注 P，而货币内生论则更加关注 PY。两种理解并无好坏之分，但应探讨其在应用中的适用情况。一直以来我们研究货币存量与通货膨胀问题主要基于货币外生论的角度，该理论在欧美国家具有较好的适用性，但当应用到中国经济时，却陷入难以解释中国经济的困境。

本节首先探讨货币外生论与中国经济的适用性，从我国央行对 M2 的可控性、货币外生论与中国现实情况的适用性等方面切入，剖析从货币外生论角度会出现"中国之谜"的原因。其次从货币内生论角度出发，建立货币需求函数，作为下一步实证研究的基础。

一、我国央行对 M2 的可控性研究

一直以来我国央行对 M2 的可控性就是一个争论不已的问题，一些学者（夏斌、廖强，1996 等）认为 M2 本身难以控制，我国 M2 实际上与其预期目标相差甚远；而另一些学者（范从来，2004 等）则认为 M2 脱离预期目标，不一定说明央行难以控制 M2，而可能是央行不想控制 M2。

从蒙代尔三角的角度来看，货币政策自主性、浮动的汇率与资本自由流动之间只能三者选其二，过去我国经济几乎接近资本管制的状态，因此从理论上存在货币政策自主性的空间，但是存在货币政策自主性的空间并不一定意味着央行对于 M2 完全的控制力。核心问题是，对于央行来说，这样的空间是否足够用于控制 M2。

下面将从我国货币政策工具的被动性和我国货币政策的实际操作两个方面来解析该问题。

（一）我国货币政策工具的被动性

改革开放以来，以投资拉动型为主的经济增长模型拉动是我国经济增长的主要动力来源。2001 年我国加入 WTO 以后，人口红利优势迅速增长使得我国出口产业在全球价值链中占据了重要地位，出口额逐年增长。由于强制结汇制度的存在，在经常账户与资本账户长期处于"双顺差"的状态下，我国外汇储备也同时迅速上升，如图 3-3-1 所示。同时外汇占款的迅速增加冲击了我国货币政策的自主性。控制通货膨胀是我国央行货币政策的主要目标，由于外汇占款迅速增加给通胀带来的压力，央行不得不依靠发行央票来回收被动投放的货币，从 2003 年开始，央票发行量迅速增加，但对于中央银行来说，发行央票并不是一本万利的，一方面，央票有一定的期限，虽然发行央票是回收货币的行为，但当央票到期时，实际上会变为另外一种形式的货币发行。这时候央行只能发行更大规模的央票抵消到期的央票；另一方面，随着央票规模的不断扩大，对央票持有人需付的利息也成为中央银行的负担。在 2008 年金融危机以前，我国央行主要依靠购买国外债券所得利息收入，来对冲发行央票所需支付的利息。随着 2008 年全球金融危机的爆发，全球主要发达国家都依次进入了量化宽松时代。由此主要发达国家国债收益率迅速下降，与我国央行利率形成"倒挂"（杜亚斌，2003），如图 3-3-2

所示，此时大量发行央票需对央票持有者支付巨额的利息费用，不仅成为中央银行的巨大负担，同时所支付的巨额利率费用也构成货币发行的一种形式。

图 3-3-1　我国外汇储备与货币发行

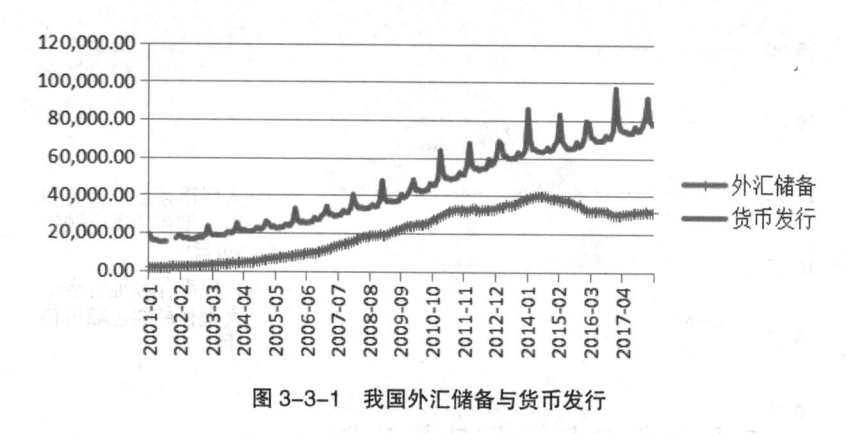

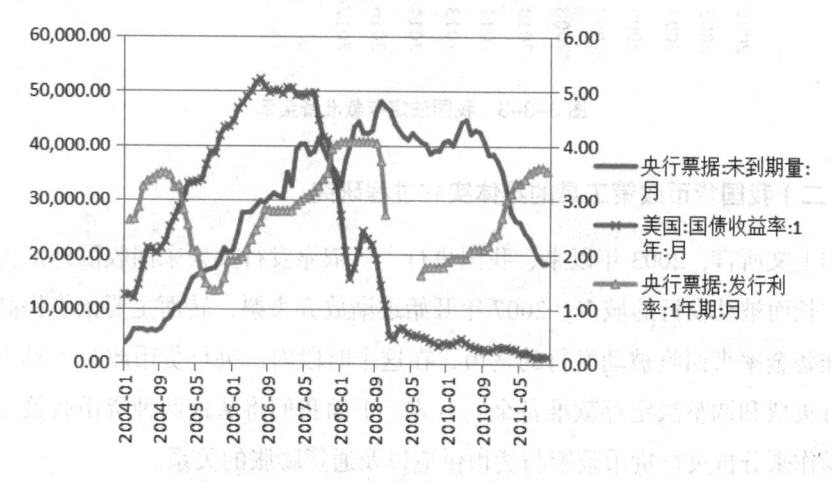

图 3-3-2　央票与美国债利差及央票未到期量

于是我国央行逐渐放弃了以发行央票来回收货币的方式，转而开始依靠调整法定存款准备金率的方式来回收被动发行的货币。如图 3-3-3 所示，我国法定存款准备金率在 2007 年以前一直保持比较缓慢的变化趋势，从 2007 年开始迅速增长，由 2003 年初的 7% 迅速增长到 2011 年的 21.5%，提高近三倍多。提高法定存款准备金率虽然是中央银行货币政策的有效工具，但同时也存在一定的弊端，商业银行存款准备金率直接影响商业银行可贷资金规模，进而影响商业银行运营成本，随着法定存款准备金率的迅速增长，我国商业银行运营成本迅速增加，许多业务由盈转亏，给商业银行带来巨大压力。在这样的压力下，商业银行不得不转而逃避法定存款准备金率的监管，由此催生了我国大规模的影子银行，给经济带来极大的系统性风险。

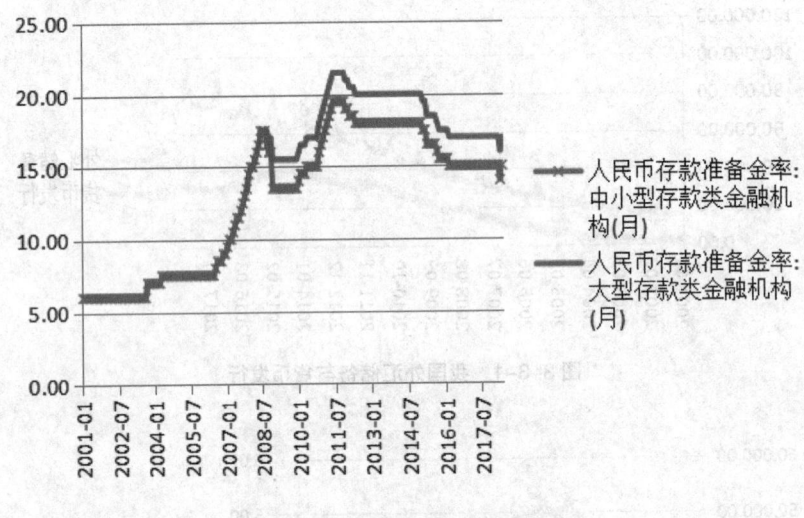

图 3-3-3 我国法定存款准备金率

（二）我国货币政策工具的具体实施过程研究

如上文所言，2003 年以来，我国央行主要依靠发行央票来回收因外汇占款的快速增长而被动发行的城市，2007 年开始逐渐放弃央票，转而主要依靠提高法定存款准备金率来回收被动发行的货币，在这个时段内，央行货币政策工具主要采用发行央票和调整法定存款准备金的方式。下面我们将从这两种货币政策工具的具体操作来分析央行货币政策与货币供应以及通货膨胀的关系。

如表 3-3-1 所示，分别列举了从 2002 到 2015 年之间我国 M2 增长率、通货膨胀率、央票发行额、存款准备金余额变化等指标数据，其中将央票发行额与央行存款准备金增加额作为货币政策工具的代表，那么在这一时期内央行货币政策操作与我国货币供应以及通货膨胀的关系如图 3-3-4 和图 3-3-5 所示。

从历史数据可以看出，2003 年前我国存款准备金率一直保持固定值 6 不变，且通胀率一直保持低位，也就是说，在 2003 年之前，货币政策的最终目标（通货膨胀）一直处于央行的可控范围内，虽然中国人民银行只公布自 2002 年以来的央票余额数据，但是可以看出 2003 年以前央票发行量不大，2002、2003 年发行量分别为 1487.5 和 1989.3，而 2004 年央票发行额从 2003 的 1989.3 增加到

8581.14，增加331%，同时存款准备金率也由6%首次增加到7.5%，意味着央行从2004年开始运用央票和法定存款准备金率干预基础货币。2002年我国M2已经从2001年的15%增加到18.3%，2003年达到了19.2%，央行并没有在M2出现大幅增长的时候运用货币政策工具调控M2，反而实行了较为宽松的货币政策。而在通货膨胀变动较大的年份（2004），央行则动用大量央票和法定存款准备金率共同控制通胀，通胀率依然由之前地位迅速拉升到3.8%，同期增长245%。

表3-3-1 我国M2、CPI与货币政策操作（单位：亿元或%）

	M2变化（%）	通胀率（%）	央票发行额（亿元）	存款准备金余额增加（亿元）	货币政策操作变化①（亿元）	外汇储备增加额（亿元）	财政赤字（亿元）
2002	18.3	-0.7	1487.5	3973.12		742.42	3149.51
2003	19.2	1.1	1544.05	3419.69	-496.88	1168.44	2934.7
2004	14.9	3.8	8047.46	13114.75	16198.47	2066.81	2090.42
2005	16.7	1.8	9216.99	2718.46	-9226.76	2089.4	2280.99
2006	22.1	1.7	9444.58	10068.01	7577.14	2474.72	1662.53
2007	16.7	4.8	4728.55	19956.6	5172.56	4619.051	-1540.43
2008	17.8	5.9	11310.7	23690.71	10316.26	4177.811	1262.31
2009	28.4	-0.7	-3715.62	10322.63	-28394.4	4531.221	7781.63
2010	18.9	3.2	-1566.98	34235.86	26061.88	4481.857	6772.65
2011	17.3	5.5	0	32126.62	-542.264	3338.1	5373.36
2012	14.4	2.6	-26617.2	22907.52	-35836.3	1304.41	8699.45
2013	13.6	2.6	-6118	14342.96	11934.67	5097.26	11002.46
2014	11	2.1	-1240	20899.57	11434.61	217.03	11415.53
2015	13.3	1.5	50	-20450.2	-40059.8	-5126.56	

注：数据来源于中国人民银行网站

如图3-3-4和图3-3-5所示，可分别看出货币政策操作与M2增长率变化与通胀率变化的关系。

（1）如图3-3-4所示，货币政策操作与M2增长率几乎呈现出极大的背离关

---

① 货币政策操作=央票发行额+存款准备金余额增加 货币政策操作变化=货币政策操作当期值－货币政策操作当期值上期值，因为央行只公布从2002年开始的央票余额数据，因此2002年的货币政策操作没有上期值，2002年货币政策操作变化值为空。

系，仅仅在2005年下半年至2006年上半年之间，我国货币政策变化与M2增长率保持同向变化，可以说在大部分时间里央行货币政策操作都没有在控制M2。甚至可以说，在大部分时间内央行货币政策操作都没有体现出想要控制M2的意图。

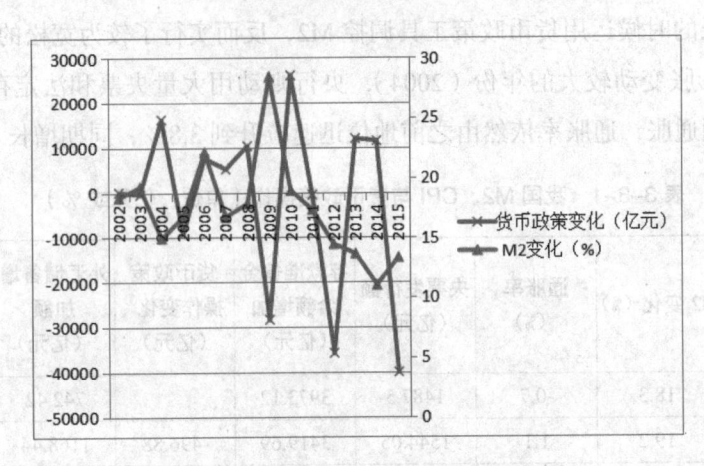

图 3-3-4 我国货币政策操作与 M2 关系

（2）如图3-3-5所示，央行货币政策操作与通胀率变化几乎趋同，可以看出，央行货币政策操作实际上是在控制通货膨胀而非M2。我国货币政策的最终目标是"保持币值稳定，并以此促进经济增长"，其中促进经济增长主要依靠扩张性的财政政策带动固定资产投资与出口拉动，保持币值稳定主要依靠发行央票和上调法定存款准备金率来对冲被动发行的货币来实现，从此可看出，一直以来我国实施"稳健"的货币政策，更多的是为了控制通货膨胀的稳定，而非M2增长率的稳定。

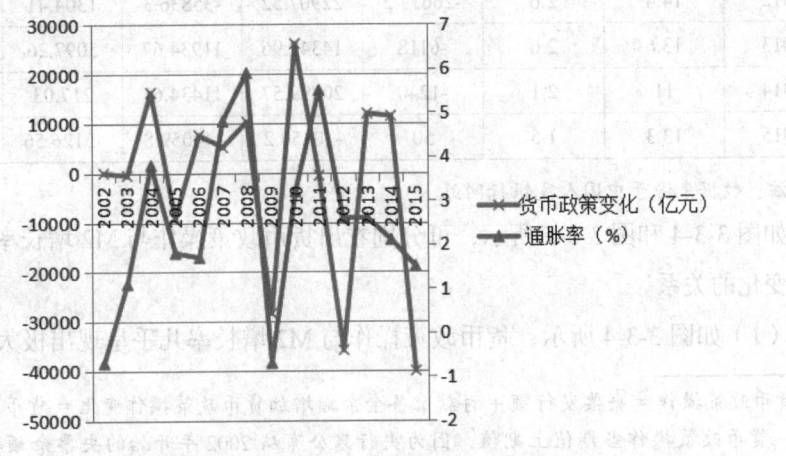

图 3-3-5 我国货币政策操作与通货膨胀关系

总的来说，在强制结汇的背景下我国货币政策自主性很大程度上被限制，而货币政策工具的有限性导致我国货币政策难以控制货币存量，实际上，从我国货币政策具体操作上来看，央行也没有控制 M2 的意图，其货币政策操作主要是为了控制通货膨胀。

二、货币外生论与中国经济现实的适用性研究

（一）货币外生理论假设与中国经济现实的适用性研究

上面部分论述了我国 M2 与货币政策的关系，主要结论可归纳如下。

（1）在过去数量型的货币政策阶段中，M2 是我国货币政策最重要的指标，M2 最适合作为我国货币政策的代理变量。

（2）虽然 M2 具有十分重要的地位，但我国货币发行过程具有较强的被动性，中央银行独立性受限，实际上难以控制 M2 增长。

（3）从具体数据来看，货币政策工具并没有控制 M2 而是在控制通货膨胀。

以上结论将为本书以下部分分析提供理论基础。

一般地，货币数量方程表达了货币存量与通货膨胀之间的关系，而从货币外生与内生角度可表达为不同的形式，即

$$MV = PY \tag{3.5}$$

$$M = \frac{PY}{V} \tag{3.6}$$

其中 M 作为流通手段的货币量，PY 为一段时间内的商品价格总额，V 为货币流通次数。式（3.5）与式（3.6）虽然形式相似，但是对货币数量方程的两种不同表达方式，这取决于货币外生论与货币内生论的两种不同视角。

货币外生论认为货币存量与通货膨胀之间存在稳定的正相关关系，货币存量增加必然导致价格水平上升。该理论普遍流行于西方发达国家，国内研究也较多借鉴国外研究，基于货币外生论观点，却产生了"中国之谜"的困惑，对该问题的研究也是层出不穷，目前尚没有形成一个统一的结论。从理论研究角度，货币外生论具有两个重要的前提假设：

（1）货币存量主要由央行控制。

（2）短期内货币流通速度与产出基本保持不变。

实际上，货币外生理论的前提假设是较好地适用于西方发达国家经济体系的。在西方经济发展史中，亚当·斯密提出"看不见的手"理论对于西方经济体系具有深远影响，其描述了这样一个原理：每个人在追求自身利益最大化的过程中，会促进社会利益增长，这种增长要大于他真正想促进社会效益所得的效果。"看不见的手"[①]实际上倡导了自由的市场经济思想，反对政府干预。一直以来，西方发达国家经济体系也较多是基于这样的基调来建立的。在西方发达国家经济体系中，政府对于推动经济增长并不具有十分重要的作用，平抑经济周期、控制通货膨胀主要依靠货币政策。因此，西方发达国家中央银行在经济上占据着十分重要的位置，并且具有较强的独立性，其对货币发行过程具有较强的控制力，这符合货币外生理论的第一个假设前提。另外，目前西方发达国家经济已经进入成熟阶段，其经济增长率大多保持在较低的稳定水平，经济结构较少发生变化，对于货币外生论，"短期内货币流通速度与产出基本保持不变"的前提假设是基本适用的。因此用货币外生理论来解释西方发达经济体系中货币存量与通货膨胀的关系具有一定的合理性。

但我国经济体系与西方发达国家具有较大的不同，具体在经济制度、发展阶段、经济结构等方面都有较大区别。（1）从央行货币政策独立性方面来看，我国货币政策独立性较差。改革开放以来，在我国特殊的资源禀赋基础上，形成了以投资拉动和出口驱动为主的经济增长模式，在固定汇率制度下，长期以来经常账户和资本账户的双顺差使得外汇占款成为货币被动发行的主要方式；另外，相对于西方发达国家经济体系而言，我国政府在经济发展中具有更加重要的地位，在实现工业化的道路上，大型国企起到中流砥柱的作用，在平抑经济周期时，扩张性的财政政策而非货币政策成为拉动经济增长的主要动力，我国货币政策一直处

[①] 亚当·斯密在《国富论》中对"看不见的手"的表述是："每个人都试图用他的资本，来使其生产品得到最大的价值。一般来说，他并不企图增进公共福利，也不清楚增进的公共福利有多少，他所追求的仅仅是他个人的安乐，个人的利益，但当他这样做的时候，就会有一双看不见的手引导他去达到另一个目标，而这个目标绝不是他所追求的东西。由于追逐他个人的利益，他经常促进了社会利益，其效果比他真正想促进社会效益时所得到的效果更大。"

于较为被动的地位（易纲，1996）。2003年到2011年的一段时间里，央行货币政策一直依靠发行央行票据与提高法定存款准备金率的方法回收被动发行的货币。我国央行货币政策难以控制货币供应（M2），而实际上也没有控制M2，这在本书第三章进行了详细讨论。这一现状与货币外生论对于"货币存量主要由央行主动控制"的前提假设相去甚远。（2）从经济增长与货币流通速度方面来看，首先，改革开放以来，我国经济一直保持着超高增速，远远高于西方发达国家水平，西方发达国家GDP大多保持在3%以下的增速，而我国GDP则长期维持两位数的增速，从这一点来看，短期内产出不变的假设前提在西方发达国家较为适用，但并不符合我国经济发展实情；其次，改革开放初期我国经济还处在工业化起步阶段，经过30多年的发展，从第二产业逐步成为拉动国民经济增长的主要动力，到如今第三产业对国民经济的拉动作用已经逐步超过了第二产业，我国经济结构一直处于较快的变化与调整过程中，与欧美发达国家相比，影响货币流通速度的主要因素一直处于剧烈变化之中，那么短期内货币流通速度不变的前提假设虽然能够在西方发达国家被视为合理条件，但在中国的经济环境下却并不适用（图3-3-6、图3-3-7）。

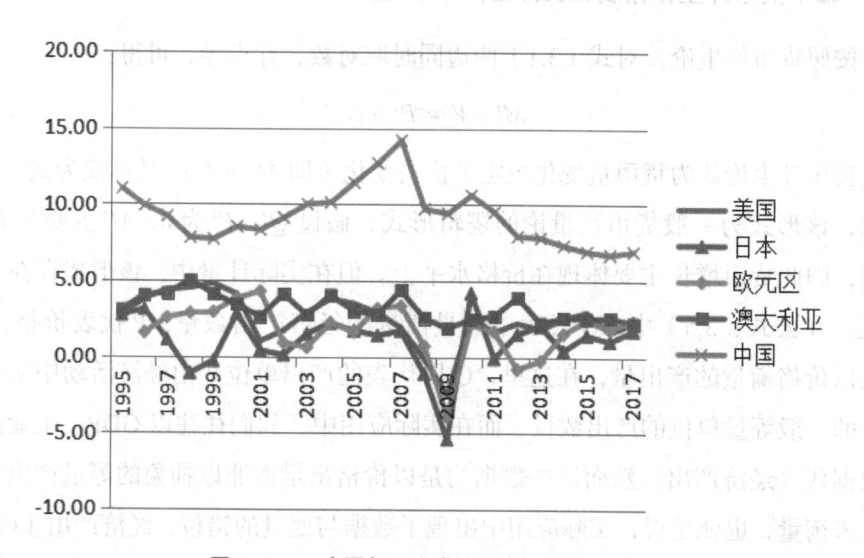

图3-3-6 中国与西方发达国家经济增速对比

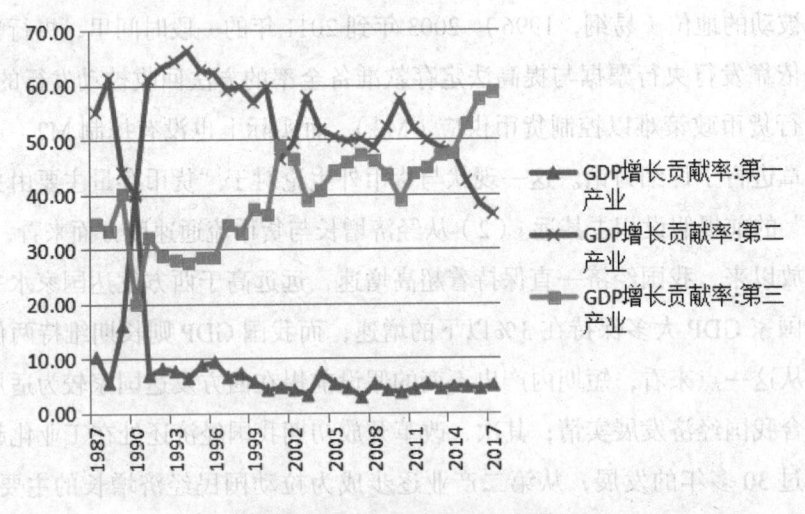

图 3-3-7 我国产业结构变化

可见货币外生理论的假设前提并不适用于中国实际情况。在假设前提不成立的条件下，套用西方理论只会得到错误的结论，例如对于中国存在超速增长的 M2 却并没有引起通货膨胀的现象无法理解，而将其称为"中国之谜"。

（二）货币外生论角度在实际应用中的瑕疵

按照货币外生论，对式（3.1）两边同时取对数，并求导，可得：

$$M' + V' = P' + Q' \tag{3.7}$$

货币外生论认为货币量变化决定了价格变化（即 $M \rightarrow P$），其形式为式（3.7）所示，该形式为一般货币数量论的逻辑形式，假设 Q'、V' 为 0，M' 主要与 P' 相对应，因此货币增长主要体现在价格水平上。但在实际计量中，该形式存在一个瑕疵：在公式（3.5）中，Q 代表以数量衡量的经济产出数量，P 代表价格，PQ 代表以价格衡量的产出量，在这里，Q 所代表的产出单位是由经济活动中所抽象出来的一般等量单位的产出数量。而在实际应用中，我们往往以 GDP、工业产出等数据代表经济产出，然而这些数据均是以价格衡量而非以抽象的等量产出数量单位来衡量，也就是说，实际应用中出现了数据与变量的错位，经济产出（GDP）应该由 PQ 而非 Q 来衡量，实际上 Q 所代表的被抽象出来的一般等量单位难以进行统计，现实中也没有进行相关统计，因此货币外生论对于货币数量方程的变形形式并没有实证基础，基于该形式之上的实证研究也就没有实际意义。

但值得注意的是，货币外生论成为西方经济学的主流，而式（3.7）形式也成为相关研究的理论基础，说明其在实际应用中具有一定的合理性。究其原因，西方发达国家经济增长较慢的事实掩盖了这一瑕疵，当 Q 变化较小时该瑕疵对于公式的影响较小。同时货币外生理论也运用产出不变的假设来规避这一问题，货币外生论假设经济增长不变（$Q'=0$），那么货币增长（M'）就主要体现在价格变化（P'）上。可见该形式虽然有一定瑕疵，但是在西方发达国家经济体经济增长较慢的现实背景下将 $Q'=0$ 作为该形式的前提假设在一定程度上是可以接受的；但当该形式应用于 Q 变化较大的经济体（例如发展较快的中国经济）时，$Q'=0$ 的假设就不能适用，该瑕疵的影响就随着 Q 的变化幅度而增大，最终会导致偏误，例如"中国之谜"等问题的出现。

（三）货币外生论瑕疵的实证分析

货币外生理论认为，货币增加（M'）变化主要体现在产出（Q'）和价格（P'）上。本书认为经济产出（GDP）应由 PQ 代表，而非 Q，假设 Y=PQ，货币增加（M'）变化主要体现在产出（Y'），如式（3.8）所示。

$$M'=Y'+V' \qquad (3.8)$$

据此本书分别建立包含通货膨胀与不包含通货膨胀的一般多元回归模型，如式（3.5）（3.6）所示：

$$M_t=\beta_0+\beta_1 Y_t+\beta_2 \pi_t+\mu \qquad (3.9)$$

$$M_t=\beta_0+\beta_1 Yt+\mu \qquad (3.10)$$

我们选取中国 1996—2017 年季度数据以及美国 1960—2010 年季度数据分别对该问题进行实证分析，选取货币供应量（M2）、经济产出（GDP）、通货膨胀（CPI）分别代表 M_t、Y_t、π_t。用 OLS 估计结果如下（表 3-3-2）。

表 3-3-2 货币外生论回归结果分析

方程系数	$M_t=\beta_0+\beta_1 Y_t+\beta_2 \pi_t+\mu$			$M_t=\beta_0+\beta_1 Y_t+\mu$	
	β_0	β_1	β_2	β_0	β_1
中国	9.065*** （4.05） [0.0001]	0.773*** （3.05） [0.0003]	0.113 （0.56） [0.575]	8.699*** （4.07） [0.0001]	0.83*** （3.74） [0.0003]

续表

	$M_t=\beta_0+\beta_1 Y_t+\beta_2\pi_t+\mu$			$M_t=\beta_0+\beta_1 Y_t+\mu$	
主要指数	R2=0.143　　F=7.100			R2=0.140　F=13.995	
方程系数	β_0	β_1	β_2	β_0	β_1
美国	0.391*** （4.992） [0.000]	0.036*** （3.809） [0.0002]	-0.005 （-0.705） [0.480]	0.383*** （4.953） [0.000]	0.034*** （3.803） [0.0002]
主要指数	R2=0.109　　F=7.454			R2=0.106　F=14.47	

注："（ ）"里数值为相应系数的 t 检验值；"[ ]"里数值为 t 检验所对应的 p 值，"***""**""*"分别代表 1%、5%、10% 置信水平，数据来自 wind 数据库。

从回归结果来看，中国和美国数据对该问题实证结果类似：（1）无论方程中是否包含通货膨胀项，中国与美国所对应的回归方程中其截距项（c）与产出项（Y_t）系数均在 1% 置信水平下显著；（2）通货膨胀项（π_t）系数并不显著，中国与美国情况类似，通货膨胀项对于 M2 并无显著影响[①]；（3）从模型解释力度来看，两个回归结果相比，可见将通货膨胀从回归方程中去除并没有显著地改变回归结果的解释力度，从中国所对应的 R2 仅从 0.143 减少到 0.14，而美国所对应的 R2 仅从 0.109 减少到 0.106。综合来看，是否纳入通货膨胀项（π_t）对于回归方程并无显著改变，从而支持了本书的推断：货币外生论在应用中存在瑕疵，PQ 应为 GDP 的代理变量；将 Q 作为 GDP 代理变量，P 代表通货膨胀所得出的 M—P 的关系并不可靠。

以上实证分析也存在一定的问题：两个回归方程的解释力度都比较小，意味着上述方程中并没有纳入 M2 扩张的主要原因，但这也正说明了货币外生论所得出的货币增加（M'）与通货膨胀（P'）之间的直接关系并不可靠。

对于以上实证分析解释力度较小的原因，本书认为主要有以下两个方面：（1）GDP 代表一段时间内的流量数据，而 M2 代表经济中货币存量，流量与存量的错位可能是以上实证分析解释力度不足的原因；（2）GDP 所计量的是一段时间内经济中的最终产品价值，经济活动中中间产品的生产与交换也同样需要货币来作为交换媒介（范从来，2015），因此经济活动中实际上有一部分需要货币来计量的经济活动并没有被计入 GDP 中。

---

① 考虑到 M2 对通货膨胀的滞后性影响，本书在实证过程中尝试加入通货膨胀的领先项，得出结果并没有显著改变，通货膨胀领先项系数依然不显著，对方程的解释力度也没有明显改善。

鉴于上述分析，本书以下将试图通过包含存量因素的模型对我国 M2 的扩张原因进行研究。

三、基于货币内生角度的货币需求函数

以上分析可以看出，货币外生理论所得出的货币增长与通货膨胀的关系并不可靠，实际上西方经济学对于货币增长与通货膨胀关系的执着固有认知源于经济、金融危机对于古典西方经济学的挑战。马克思认为，资本主义经济体系的内含矛盾就意味着其只能通过周期性的经济、金融危机来缓解矛盾的激化。在经济、金融危机中，往往出现恶性通货膨胀与货币大量发行并存的现象，因此对于经济、金融危机以及危机中现象的解释成为西方经济学的主要研究方向，这是货币外生理论成为西方经济学主流理论的重要原因。

我国经济体系与西方发达国家经济体系有较大不同。本书在上文中已经分析了我国货币发行的内生性问题，我国货币发行过程是内生的，从货币外生角度难以解释我国现象，因此本书力图从经济发展内部寻找货币扩张的原因。

马克思认为流通中必需的货币量为实现流通中待销售商品价格总额所需的货币量，流通中的货币量 = 待售商品价格总额 / 单位货币流通速度，用公式来表示就是式（3.6）。

马克思的货币需求函数与货币外生论形式（式（3.5））虽然形式相似，但其所代表的观点却截然相反，货币数量论认为货币存量是外生的，货币存量完全由外在金矿开采量决定，货币流通速度 V 和产出 Q 在短期内为常数，商品的价格取决于流通的货币数量，货币外生论主要关注货币量变化对于价格变化的影响（即 $M \rightarrow P$）。马克思则认为："商品世界的流通过程所需要的流通手段量，已经由商品的价格总额决定了。"[①] 他对货币外生理论作出深刻批判，"由于对发现新的金银矿以后出现的事实做出了片面的考察……有人得出了错误的结论，以为商品价格上涨时因为有更多的金银作为流通手段执行了职能"。[②] "流通手段量决定于流通商品的价格总额和货币流通的平均速度这一规律……有一种错觉，认为情况恰恰相反，即商品价格决定于流通手段量，而流通手段量又决定于一个国家现有

---

① 马克思. 资本论（第1卷）[M]. 中共中央马克思恩格斯列宁斯大林著作编译局，译. 北京：人民出版社，2004：139.

② 马克思. 资本论（第1卷）[M]. 中共中央马克思恩格斯列宁斯大林著作编译局，译. 北京：人民出版社，2004：140.

的货币材料量,这种错觉在他的最初的代表者那里是建立在下面这个荒谬的假设上的:在进入流通过程时,商品没有价格,货币也没有价值,然后在这个过程内,商品对的一个可除部分同金属堆的一个可除部分相交换"。[1] 马克思在对这句话进行解释时还提到"斯密偶尔说出了正确的看法:'每一个国家的铸币量取决于该国靠铸币而流通的商品的价值……每一个国家每年买卖的货物的价值,要求有一定量的货币来使货物流通,并把他们分配给他们真正的消费者,但不能使用比这更多的货币。流通渠道必然会吸收一个是自己达到饱和的数量,但决不会容纳更多数量'"。[2] 马克思认为,商品价值决定于生产过程,商品价格形成于与金银价值比较的过程,与金银数量无关,故货币的需求过程是内生的,公式(3.6)是右方决定左方,商品价格总额 PQ 与货币流通速度 V 为因,货币量 M 为果。马克思的货币内生理论强调商品价格总额决定了货币量的需求($PQ \rightarrow M$),马克思否定了商品价格上涨是由于更多的货币执行了流通职能的观点。

从货币来源角度看,货币内生理论与货币外生论最大的不同是,货币内生理论认为货币扩张的原因源自经济内部,即导致经济增长(PQ)的原因,最终造成了 M 的增长。

从 $PY \rightarrow M$ 角度出发,令名义产出 $Y = PQ$,一般地,我们用 GDP 代表名义产出(Y)。在统计意义上,GDP 是一个流量值,而 M2 是一个存量值。GDP 反应的是一段时期内经济中最终产品,而经济中除了最终产品外,还包括大量的中间产品(范从来,2015),因此 GDP 所对应的最终产品与 M2 所对应的经济活动之间并不相匹配,而从经济内部存量指标进行研究各指标对 M2 扩张的影响,不仅能够对比分析推动经济增长的因素对 M2 扩张的程度大小,也能够利用存量数据弥补流量数据对货币存量解释力度的不足。

从社会总需求角度:

$$Y = C + I + G + (X - M) \quad (3.11)$$

其中 C 为消费,I 为投资,G 为政府支出,X 为进口额,M 为出口额,(X-M)为净出口额。

假设 V=1,我们建立基于内生角度的货币需求函数:

$$M = f(C, I, G, XM) \quad (3.12)$$

---

[1] 马克思.资本论(第1卷)[M].中共中央马克思恩格斯列宁斯大林著作编译局,译.北京:人民出版社,2004:145.

[2] 马克思.资本论(第1卷)[M].中共中央马克思恩格斯列宁斯大林著作编译局,译.北京:人民出版社,2004:145.

第四章 我国 M2 扩张原因实证研究

从前面几章内容分析中我们可以看出，我国货币发行具有较强的内生性特征，央行没有控制 M2 的能力和意图。因此研究我国 M2 的扩张原因应该从内生角度思考。第三章在理论分析的基础上提出了基于货币内生视角的货币需求函数。本章将在前面几章内容分析基础上对我国 M2 扩张原因进行实证分析。

（3.12）式我们建立了一个货币需求函数，我们对其进行泰勒展开，并忽略泰勒余项。进行相关变形后可得到一个计量模型：

$$\Delta M_t = \beta_0 + \beta_1 \Delta C_t + \beta_2 \Delta I_t + \beta_3 \Delta G_t + \beta_5 \Delta XM \tag{4.1}$$

一直以来，资本市场是否是我国 M2 扩张的原因一直存在争议，本书将投资（I）分为实体投资（I^s）与虚拟投资（I^x）：

令 $I = I^s + I^x$，代入（4.1），可得：

$$\Delta M_t = \beta_0 + \beta_1 \Delta C_t + \beta_2 \Delta I^s_t + \beta_3 \Delta I^x_t + \beta_4 \Delta G_t + \beta_5 \Delta XM \tag{4.2}$$

第一节 数据说明

根据实证研究目标，本书将构建六变量 SVAR 模型，使用广义货币存量（M2）作为货币量（M）的替代指标；选取社会消费总额（SC）作为消费（C）的衡量指标；参照帅勇（2002）、伍志文（2003）的研究将股票、债券总市值增长率作为虚拟经济投资部分（I^x）的代理变量；用固定资产投资完成额（FI）增长率代表实体经济投资部分（I^s）；使用出口额减去进口额得到进出口净额来揭示进出口指标（XM）；使用公共财政支出（G）作为政府支出的代理变量。本书所选用数据均采用月度同比数据。由于 M2 为存量数据，为保持数据一致性从所选用数据类型来看，本书所选用数据皆为累计同比数据。根据数据的可获得性选取 2003 年 1 月至 2016 年 12 月作为研究区间，其中固定资产投资完成额缺失 2003 年至 2016 年各年 1 月份数据，社会消费总额缺失 2013 年至 2016 年每年 1 月数据，对于缺失数据采用插值法进行处理。另外，为消除异方差对所有序列采用去对数处理，并对所有序列采用 Census X12 方法去除数据中的季节因素。本书研究样本数据主要来自 wind 数据库。

第二节 基于 SVAR 模型的 M2 扩张原因实证分析

一、单位根检验

如表 4-2-1 所示，运用 ADF 检验对模型中会使用到的各数据进行平稳性检验，从结果看，各序列均为一阶单整序列，其差分均为平稳序列。

表 4-2-1 变量平稳性检验

变量	检验形式 (C, T, K)	ADF 检验	10% 临界值	5% 临界值	1% 临界值	检验结果
M2	(C, 0, K)	-2.942**	-2.576	-2.879	-3.470	平稳
FI	(0, 0, K)	-5.095***	-1.615	-1.942	-2.580	平稳
SAB	(C, 0, K)	-2.914**	-2.576	-2.878	-3.470	平稳
SC	(C, 0, K)	-4.494***	-2.576	-2.878	-3.469	平稳
G	(C, 0, K)	-14.292***	-2.576	-2.878	-3.469	平稳
XM	(C, 0, K)	-12.883***	-2.576	-2.878	-3.469	平稳

说明：检验形式（C, T, K）分别表示单位根检验方程包括常数项、时间趋势和滞后项的阶数，滞后阶数根据 AIC（Akaike Info Criterion）、SIC（Schwarz Info Criterion）准则自动确定最优滞后阶数。"*""**""***"分别表示 10%、5%、1% 显著水平下的临界值。

于是根据 AIC、SC、LR、FPE、HQ 法则，确定模型滞后阶数，如表 4-2-2 所示，从表中可看出，AIC 和 SC 都确定最佳滞后期数为 2，因此我们建立滞后 2 阶的 SVAR（4）模型。

表 4-2-2 最佳滞后期数选择

滞后期数	LR	FPE	AIC	SC	HQ
0	NA	10500.18	26.29	26.40	26.33
1	1371.22	2.11	17.77	18.58*	18.10*
2	78.33	1.94*	17.69*	19.19	18.30
3	61.06*	1.99	17.71	19.90	18.60
4	36.99	2.39	17.88	20.77	19.05
5	41.59	2.76	18.01	21.59	19.46
6	23.58	3.65	18.27	22.54	20.00

注：表中"★"代表根据各准则选取的最佳滞后期数

如图 4-2-1 所示，可见单位根均落入圆内，表明模型结果稳定可靠。

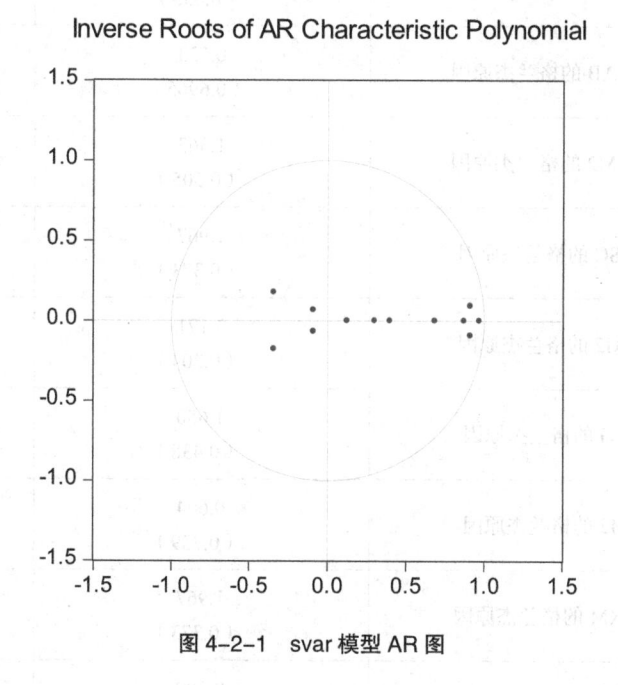

图 4-2-1 svar 模型 AR 图

二、格兰杰因果检验

如表 4-2-3 所示：（1）固定资产投资（FI）是 M2 的格兰杰原因，同时 M2 也是 FI 的格兰杰原因，说明固定资产投资是引起 M2 增长的原因之一。这与第三章中分析相符。在投资拉动型的经济中，投资主要依靠贷款作为支撑，在投资增加的同时，M2 也增加。(2)消费、资本市场、财政支出、进出口均不是 M2 的格兰杰原因，说明除投资以外其他因素对于 M2 增长的作用并不明显。从格兰杰因果检验结果来看，固定资产投资是 M2 变化的原因，但仅仅从格兰杰因果检验结果分析并不足以得出固定资产投资是 M2 增长的主要动因的结论，还需通过脉冲响应分析和方差分解来检验其对 M2 增长的影响及贡献大小。

表 4-2-3　格兰杰因果检验结果

原假设	F 统计量值	拒绝/接受原假设
M2 不是 FI 的格兰杰原因	9.177*** (0.010)	拒绝
FI 不是 M2 的格兰杰原因	6.840** (0.033)	拒绝
M2 不是 SAB 的格兰杰原因	0.723 (0.6965)	接受
SAB 不是 M2 的格兰杰原因	1.363 (0.505)	接受
M2 不是 SC 的格兰杰原因	1.967 (0.373)	接受
SC 不是 M2 的格兰杰原因	3.171 (0.204)	接受
M2 不是 G 的格兰杰原因	1.650 (0.438)	接受
G 不是 M2 的格兰杰原因	0.604 (0.739)	接受
M2 不是 XM 的格兰杰原因	1.967 (0.373)	接受
XM 不是 M2 的格兰杰原因	0.209 (0.900)	接受

说明："*""**""***"分别表示 10%、5%、1% 显著水平下的临界值。

三、Johansen 检验

我们采用 Johansen(1995)基于向量自回归模型的协整检验方法对本书的

六个变量的长期稳定关系进行检验。由于已经确定 SVAR 模型的滞后阶数为 2，则 Johansen 检验的滞后阶数为 1，检验结果表明变量之间存在一个长期稳定关系。

四、脉冲响应分析

格兰杰因果检验从因果关系层面对各变量进行检验，接下来我们利用脉冲响应分析，观察各变量相互之间的影响关系。

首先考察造成 M2 高速增长的原因，为分析 M2 与各变量之间的动态关系，我们利用脉冲响应分析，分别给各变量一个新息冲击，观察 M2 对于这一冲击的动态响应过程。

图中列出了 M2 对各因素冲击的反应。如图 4-2-2 所示：（1）FI、SAB、XM、G 残差波动对于 M2 增长均具有正向影响，其中 FI 的一个冲击对于 M2 增长最为显著，从第 1 期开始迅速增长，到第 5 期开始逐渐平稳达到 0.5，这与吴振宇和沈利生（2004）的研究结果相吻合，表明过去 10 多年来，投资拉动依然是拉动我国经济增长的重要动力；（2）SAB 的一个冲击对 M2 增长反应较小，仅在前两期缓慢上涨，之后逐渐减弱，到第 5 期开始由正转为负，该结果在一定程度上支持了帅勇（2002）和伍志文（2005）的研究，股票和债券市场的增长会造成 M2 的增长，但实证结果不支持他们认为股票和债券市场是造成 M2 高速增长的最重要原因的结论，本书实证结果显示，固定资产投资对 M2 增长的影响远大于股票和债券市场波动对 M2 增长的影响；（3）XM 的一个冲击对于 M2 增长反应相对较小，其形状与 FI 冲击类似，但波动较小，到第 6 期其贡献值达到最高的 0.19。一直以来出口导向型增长模式是拉动我国经济增长的重要动力之一，但经常账户和资本账户的双顺差带来的主要影响是由外汇储备增加带来的基础货币投放的增加，同时为控制通货膨胀，央行同时利用发行央票、调整存款准备金率等措施回收被动发行的货币，因此，净出口对基础货币增加的影响很大程度上被央行货币政策所抵消，其影响有限；（4）G 的一个冲击对于 M2 增长的反应出现了一个由负转正的过程，在前两期，G 的冲击会导致 M2 下降，从第 3 期开始逐渐上升，到第 7 期达到平稳，其贡献值为 0.2。

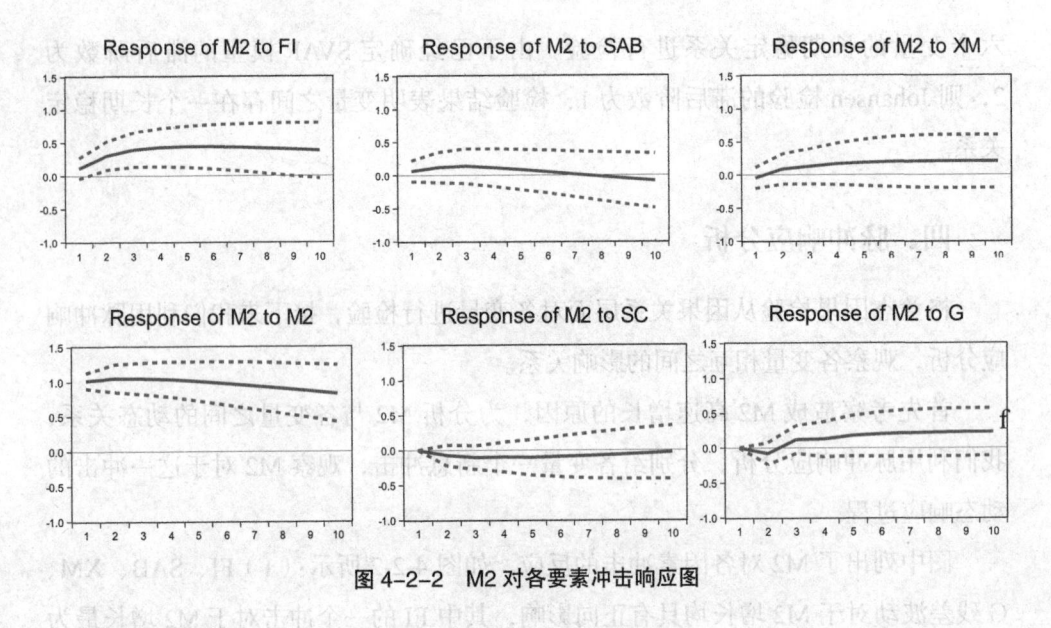

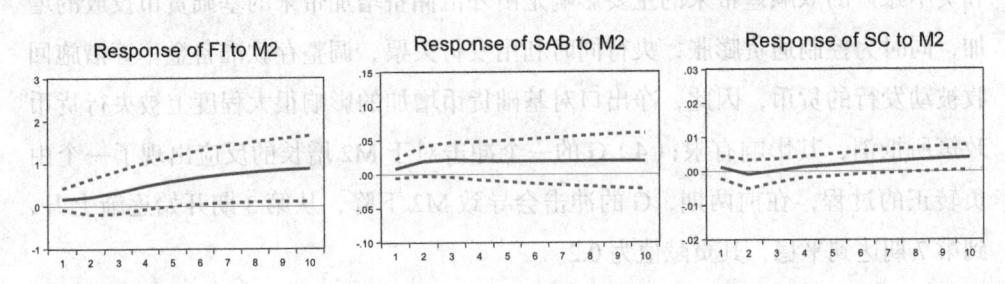

图 4-2-2 M2 对各要素冲击响应图

如图 4-2-3 所示，显示了各要素对 M2 冲击的反应，从图中可以看到：（1）FI 对 M2 冲击反应呈现持续上升的趋势，从第 1 期开始逐渐上升，到第 9 期前后达到平稳，说明固定资产投资主要依靠贷款支撑，且影响较为持久；（2）SAB 对 M2 冲击为正，但影响较小，从第 1 期开始缓慢上升，到第 3 期前后达到平稳，说明 M2 增长有一部分会流入股市，但占比较小；（3）SC 对 M2 的反应经历了一个先下降后上升的过程，前两期 SC 出现下降，到第 2 期开始出现负值，而后开始逐渐上升，说明 M2 增长短期内具有挤出消费的效应，而长期则体现为促进消费的效应；（4）G 对 M2 冲击呈现出一个下降过程，M2 增长使得 G 在第 1 期出现较高的正向影响，而后慢慢下降，到第 6 期达到平稳，说明宽松的货币环境对财政支出具有促进作用；（5）XM 对 M2 冲击反应较小，说明 M2 增长对进出口影响较小。

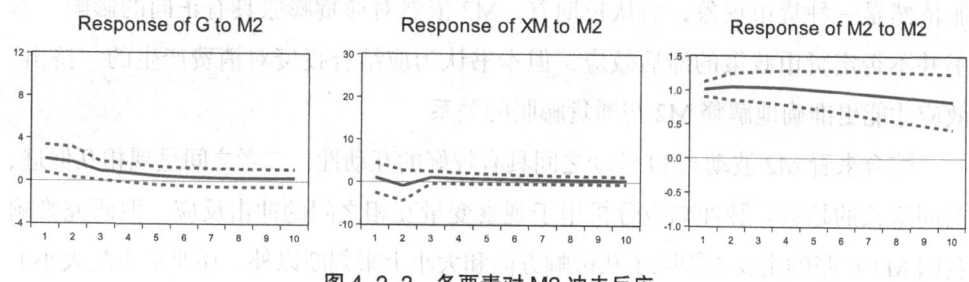

第四章 我国 M2 扩张原因实证研究

图 4-2-3 各要素对 M2 冲击反应

如图 4-2-4 所示，可见 SC 对其他要素冲击的反应。在前两期，FI 与 SAB 的冲击导致消费迅速下降，从第 3 期开始上升，第 4 期开始由负转为正，显然，投资冲击在前期对消费产生了"挤出"效应。综合前文分析，固定资产投资是 M2 增长的最主要原因，以公共基础设施投资和房地产投资为主的资产市场起到了"货币蓄水池"的作用，我国以投资拉动的经济发展模式使得资产市场迅速地发展，这其中，一方面存在资产货币化的过程；另一方面，资产市场的高收益使得企业和居民的投资倾向大于消费倾向[①]，从而产生了投资挤出消费的效应。两种原因共同造成了 FI 与 SC 之间的负向关系。

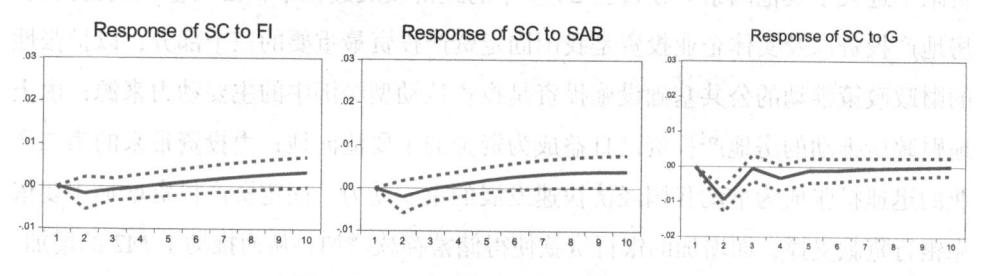

图 4-2-4 SC 对各主要因素的冲击反应

结合前文分析，M2 的增长主要源于 FI 的增加，而 FI 的增加在短期内会对消费产生"挤出"效应，因此才使得 M2 与 CPI "背离"，例如 2008 年"四万亿计划"期间，M2 与 CPI 出现了近 20 年以来最大幅度的"背离"现象，而在之前很长的一段时间内，M2 并没有出现相应的大幅下降现象，因此仅仅用滞后性难以解释二者之间的"背离"关系。M2 与通货膨胀的背离实际上是投资与消费的背离，在短期内，由于资产市场的快速发展使得投资"挤出了"消费，M2 与通货膨胀的"背离"是因为流入消费市场的货币量减少了，从这个角度来说通货膨

---

① 其背后原因将在第六章中具体分析。

胀依然是一种货币现象，而从长期看，M2 依然对通货膨胀具有正向的影响。本书并不否定货币政策的滞后效应，但本书认为应结合投资对消费产生的"挤出"效应才能更准确地解释 M2 与通货膨胀的关系。

综合来看 M2 波动与 FI 波动之间具有较好的互动性，二者之间呈现相互促进、共同增长的趋势。脉冲响应分析用于观察变量互相之间的冲击反应，但研究影响我国 M2 扩张的主要原因除了从影响方向和大小上来判断以外，还要从贡献大小上来判断，接下来本书利用方差分解方法观察自变量波动对因变量波动的贡献大小。

五、方程分解

与脉冲响应相比，方差分解用来把握其他变量对于目标变量波动的贡献大小。如表 4-2-4 所示，对 M2 波动的贡献率由大到小依次是 FI（固定资产投资完成额）、G（财政支出）、SAB（股票和债券市值）、SC（社会消费品零售总额）、XV（进出口额）、V（货币流通速度），到第 30 期，贡献大小分别为 15.15%、5.18%、3.42%、1.25%、0.03%。说明：(1) 固定资产投资是 M2 增长的最大影响因素，并且其贡献率远大于其他因素。在过去 20 多年的经济发展过程中，公共基础设施投资、房地产投资以及实体企业投资是我国固定资产投资最重要的三个部分，以扩张性的财政政策推动的公共基础设施投资是投资拉动型经济中的主要动力来源；由土地财政所推动的房地产投资已日益成为资金的主要流向地；由投资带来的第二产业的迅速扩张成为推动我国经济快速发展的重要动力。固定资产投资增加主要依靠银行贷款支撑，而增加的银行贷款使得储蓄存款增加，从而推动了 M2 的增加。该结论支持了范从来（2015）、王国刚（2011）的研究结论；(2) 资本市场对 M2 增加有一定的正向推动作用，但其并不发挥主要作用，充当"货币蓄水池"的主要是资产市场而非资本市场。该结论与伍志文（2003）、帅勇（2002）的研究结论相反；(3) 消费、财政支出与进出口对 M2 波动性的贡献程度较小。

而对 FI 波动的贡献率由大到小依次是 M2（货币存量）、G、SAB、SC、XM。到第 30 期，贡献大小分别为 27.98%、4.41%、1.42%、0.96%、0.06%。该结果说明：对 FI 波动贡献率最大的是 M2，到第 30 期 M2 对 FI 波动贡献率为 27.98%，远大于其余变量对于 FI 波动的贡献。说明我国固定资产投资主要由银行贷款拉动，FI 和 M2 具有很强的互动性。

表 4-2-4 对 M2 与 FI 的方差分解

时期	对 M2 的方差分解					对 FI 的分解				
	FI	SAB	SC	G	XM	M2	SAB	SC	G	XM
1	1.42	0.00	0.00	0.00	0.00	1.05	0.00	0.00	0.00	0.00
2	3.76	0.28	0.35	0.31	0.03	1.02	0.14	0.06	0.06	0.14
3	5.96	0.40	0.70	0.61	0.03	1.50	0.18	0.07	0.29	0.08
4	7.67	0.41	0.86	0.79	0.03	2.39	0.17	0.07	0.58	0.07
5	9.04	0.36	0.98	1.17	0.03	3.52	0.15	0.07	0.86	0.07
6	10.14	0.31	1.04	1.55	0.04	4.82	0.12	0.08	1.16	0.07
7	11.05	0.27	1.05	1.93	0.04	6.23	0.11	0.09	1.45	0.07
8	11.81	0.27	1.03	2.28	0.04	7.69	0.12	0.11	1.73	0.07
9	12.44	0.32	1.00	2.60	0.04	9.17	0.13	0.13	1.99	0.06
10	12.97	0.40	0.95	2.89	0.04	10.65	0.17	0.16	2.24	0.06
15	14.5	1.26	0.75	3.99	0.03	17.29	0.49	0.35	3.20	0.06
20	15	2.29	0.80	4.63	0.03	22.23	0.89	0.58	3.81	0.06
25	15.06	3.03	1.02	4.98	0.03	25.64	1.20	0.80	4.18	0.06
30	15.15	3.42	1.25	5.18	0.03	27.98	1.42	0.96	4.41	0.06

如表 4-2-5 所示，可见 SAB 与 SC 的方差分解结果。对 SAB 波动的贡献率由大到小依次是 SC、M2、FI、G、XM。到第 30 期，贡献大小分别为 16.36%、4.52%、1.57%、1.26%、0.4%。说明 M2 增加并不是 SAB 增加的主要原因，货币的宽松环境会在一定程度上促进资本市场的发展，但是其贡献率有限。

对 SC 波动的贡献率由大到小依次是 M2、FI、SAB、G、XM。到第 30 期，贡献大小分别为 22.49%、15.17%、7.84%、6.02%、0.68%。说明：M2 与 FI 对 SC 波动贡献最大，且较为显著，从脉冲响应分析可以看出，SC 对 M2 与 FI 冲击反应体现为先下降后上升、由负转正的过程，SC 对二者反应较为类似。本书认为，SC 对 FI 冲击的反应在短期内体现为"挤出效应"，在长期体现为"财富效应"。结合上文中分析所得出 M2 与 FI 具有较好的互动性的结果，而 SC 对 M2 冲击的反应主要来自 FI 对 SC 的影响，其效果类似，其背后的具体原因将在本书第六章中进行具体分析。

我国货币存量的扩张及其与通货膨胀的关系研究

表 4-2-5 对 SAB 于 SC 的方差分解

时期	对 SAB 的方差分解					对 SC 的方差分解				
	M2	FI	SC	G	XM	M2	FI	SAB	G	XM
1	0.82	0.00	0.00	0.00	0.00	0.33	0.83	0.03	0.00	0.00
2	2.21	0.05	0.66	0.21	0.00	0.31	0.62	0.76	12.35	0.41
3	2.72	0.24	1.10	0.23	0.06	0.27	0.67	0.90	10.71	0.88
4	2.84	0.41	1.85	0.39	0.09	0.42	1.05	0.81	10.69	1.03
5	2.91	0.55	2.73	0.59	0.12	0.73	1.79	0.89	10.18	1.10
6	2.98	0.63	3.75	0.80	0.14	1.28	2.91	1.27	9.74	1.13
7	3.08	0.69	4.85	0.97	0.16	2.01	4.28	1.91	9.32	1.12
8	3.20	0.71	6.00	1.10	0.18	2.90	5.78	2.75	8.91	1.09
9	3.33	0.72	7.15	1.20	0.20	3.92	7.27	3.68	8.52	1.06
10	3.47	0.71	8.27	1.26	0.22	5.01	8.68	4.61	8.15	1.02
15	4.14	0.61	12.91	1.33	0.32	10.86	13.44	7.86	6.82	0.85
20	4.50	0.73	15.40	1.29	0.37	16.06	15.06	8.52	6.21	0.75
25	4.55	1.13	16.26	1.27	0.40	19.94	15.31	8.17	6.02	0.71
30	4.52	1.57	16.36	1.26	0.40	22.49	15.17	7.84	6.02	0.68

综合来看:(1)对 M2 波动贡献最大的因素是 FI,同时对 FI 波动贡献最大的是 M2,二者具有较强的互动性;(2)对 SC 波动贡献最大的因素是 M2 与 FI,二者冲击对 SC 的影响均是先下降后上升,由负转正。

根据前文分析,财政支出与净出口对 M2 影响并不具有显著性,因此对二者的方差分解分析不再赘述。

第三节 稳健性检验

本小节在上一节的基础上对我国货币存量的通货膨胀效应进行实证分析。

SVAR 模型的结果对估计时的假设条件非常敏感,我们借鉴常用的计量方法,对建立的 SVAR 模型进行稳健性检验。参照 Chen(2012)的做法,采用居民消费物价指数(CPI)代替社会消费品零售总额以检查结果的稳健性。本章主要研究我国 M2 扩张的原因,接下来两章将对我国 M2 的通货膨胀效应进行研究,采用居民消费物价指数（CPI）代替社会消费品零售总额也可同时观察在本章模型下M2 与 CPI 之间的关系，为下一章研究提供稳健性参考。另外，我们还运用略去变量、改变滞后期、改变样本区间等方法检验发现模型都具有稳健性。在此仅列举改变指标方法的结果以验证本书的主要结论，并进一步探究 M2 与 CPI 的关系。

如图 4-3-1 所示，可见 M2 对各要素冲击的反应。在替换变量重新建立的 SVAR 模型并没有因为变量的改变而使得结果发生变化，M2 对于 FI、SAB、G、XM 的冲击均与前文结果相似，说明本研究所建立的 SVAR 模型是稳健的。另外 CPI 的一个正向冲击使得 M2 从第 1 期开始出现逐渐递减的过程，这与本研究分析一致，当 CPI 上升（出现通货膨胀）时，央行利用货币政策工具（发行央行票据、调整法定存款准备金率等）回收货币，使得通胀控制在合理范围内，在这个过程中，商业银行准备金减少造成其可贷资金减少，从而导致 M2 的下降。

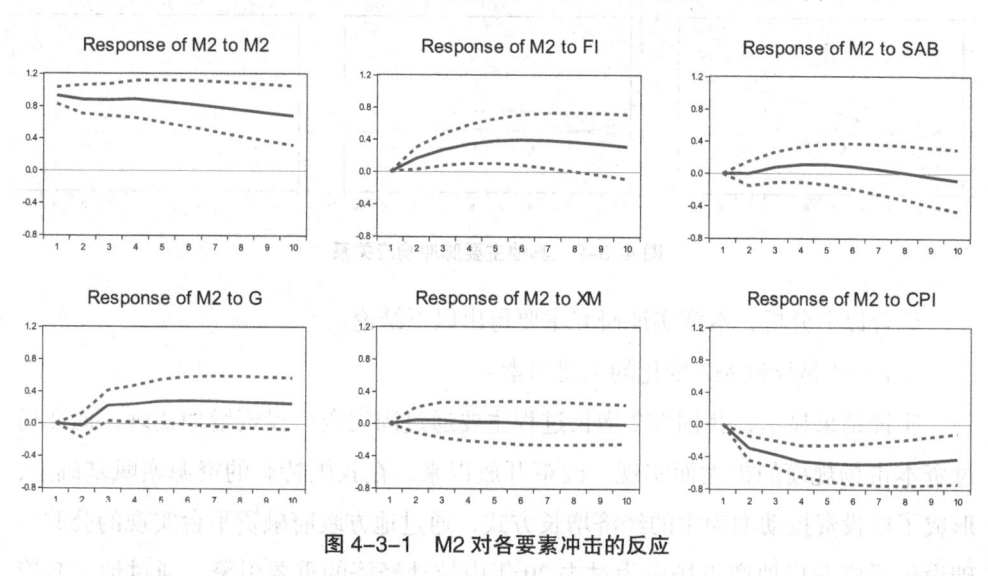

图 4-3-1　M2 对各要素冲击的反应

如图 4-3-2 所示，可见其他主要脉冲关系，（1）FI 对于 M2 冲击反应没有发生改变，呈现出一个逐渐上涨的过程，说明模型是稳健的，FI 与 M2 之间所具有的较强的互动关系是稳健的；（2）CPI 对 M2 冲击反应呈现出由负转正、逐渐上升的过程，在前 4 期中，M2 增加会导致 CPI 出现负向的运动，到第 7 期开始由负转为正。该现象是货币外生理论无法解释的，从货币内生理论角度来看，M2 增长主要是 FI 所致，且 CPI 对 FI 冲击反应与其对 M2 冲击反应最为相似，FI 增加使得 CPI 在前 5 期出现了负向运动，到第 7 期开始由负转为正，可见 M2 增加对 CPI "由负转正"的影响主要源于 FI 增长对 CPI 的影响。本书认为,在产能过剩的背景下,短期内投资增加拉动的需求被过剩的产能所抵消,而同时投资增加也对消费进行了挤出,从而使得短期内需求实际上是下降的,导致 CPI 下降,但是随着产能利用率的提升,投资对需求的拉动作用逐渐显现,CPI 开始逐渐增长,由负转为正。

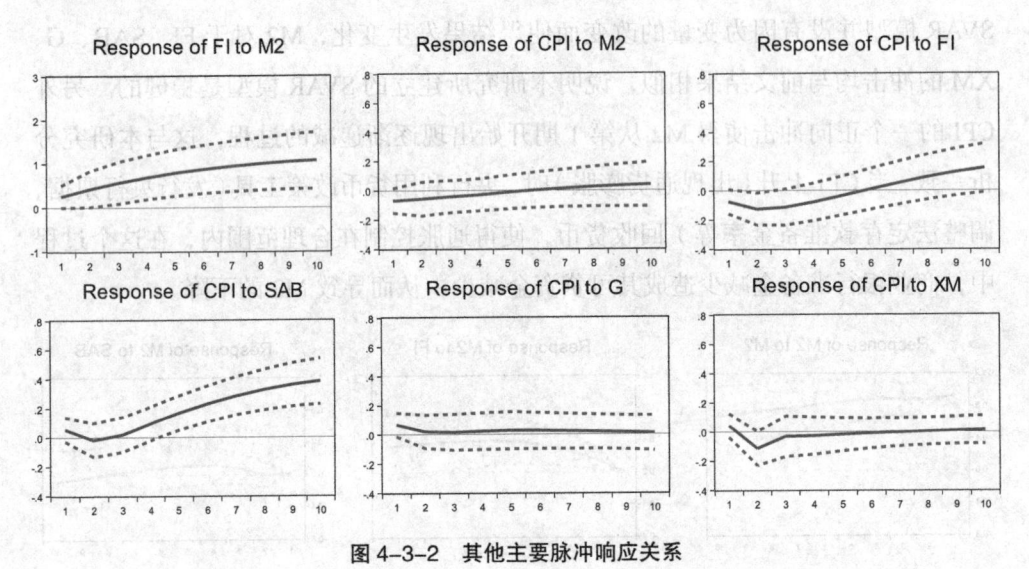

图 4-3-2 其他主要脉冲响应关系

综合以上分析,本章实证研究主要得出以下结论。

(1) FI 是导致 M2 变化的主要因素

实证结果显示,我国 M2 增长过程主要通过固定资产投资增加实现,而非通过资本市场规模的扩大而实现。改革开放以来,在我国特有的资源禀赋基础上,形成了以投资拉动型为主的经济增长方式,通过地方政府融资平台实现的公共基础设施投资和房地产市场成为过去 20 年内拉动经济的重要引擎,通过地方政府融资平台实现的公共基础设施投资增加,意味着财政支出形式的货币发行;而房地产市场的扩张则意味着住房贷款形式的货币扩张,因此在过去中国经济的发展过程中固定资产投资的增加总是伴随着货币存量的增加。

(2) "滞后效应"不能完全解释 M2 与 CPI 的背离关系

前文中我们已经提到以往学者大多用"滞后效应"来解释 M2 与 CPI 之间的背离关系,然而即使根据以往研究结果将 CPI 向后移动相应的区间也难以得出二者之间的正相关关系,特别的是在 2008 年政府通过"四万亿"计划刺激经济期间,M2与CPI更是出现了历史从未有过的背离,这是"滞后效应"难以解释的。从本书研究结果来看,M2增长主要源于FI,说明M2增长过程中资金主要流入了以地方政府融资平台和房地产为主的固定资产投资领域,固定资产市场发挥了"货币蓄水池"的作用。从实证结果来看:①FI对于CPI在前6期产生负向影响,也就是说在货币流动过程中,FI对于CPI产生了"挤出"效应,是导致M2与CPI背离的主要原因,而造成该现象的具体原因将在第六章中进行讨论;②从第7期开始M2对于CPI开始产生正的效应,说明从长期来看,通货膨胀依然是货币现象,这其中M2对于CPI固然存在一定的"滞后效应",然而二者之间真正的背离是由于FI对于CPI产生的"挤出效应",这能够更加合理地解释2008年金融危机期间M2与CPI出现的大幅背离现象。

(3)我国货币供应更多表现为内生而非外生

实证结果表明:①M2增加会在短期内造成CPI下行,这与传统货币外生理论相矛盾,只有从货币内生理论角度才能对该现象进行合理解释。②我国固定资产投资在较长期(6个月以上)内会拉动经济需求,推动价格上涨;短期(6个月内)内表现为通货紧缩效应,这与传统理论中对固定资产投资的通货膨胀效应的认识不同,传统理论认为,固定资产投资增加会从供给和需求两方面对通货膨胀造成影响,短期内拉动需求上升,从而价格上升;由于从投资到产出需要一个较长的阶段,所以在产期内供给的上升会导致价格下降。本书研究结果表明,我国固定资产投资增加在短期内会造成通货紧缩效应。③M2与FI之间具有很强的互动性,FI增加对CPI的挤出效应是M2的短期通货紧缩效应的原因,其传导机制将在本书第六章中进行具体分析。

第五章　我国 M2 的扩张与通货膨胀关系分析

我国 M2 与通货膨胀的背离关系一直被视为难以解释的"中国之谜",超高的 M2 增长引起了各界对于高通胀的担忧。基于前面几章的分析,本书认为我国货币存量增长的主要原因是固定资产投资;我国货币存量变化更多地体现为内生过程。因此对于 M2 与通货膨胀之间的分析应该从内生角度出发。本章分为三个部分,首先,对 M2 与通货膨胀关系进行了国际比较,对比分析 M2 与通货膨胀关系在我国与西方发达国家是否相同,造成我国 M2 与通货膨胀背离的原因与在西方国家中造成 M2 增长与通货膨胀不匹配的原因是否相同。其次,分析了传统理论对于 M2 与通货膨胀关系的解释的不足。最后,本章基于一个货币循环理论,建立了货币存量、投资与通货膨胀之间的关系,为后面实证分析提供理论基础。

第一节　M2 与通货膨胀关系的国际比较

随着货币政策的不断发展,货币政策中介目标发生着不断的变化,M2 在经济中的重要性也随之不断地变化着。M2 作为货币政策中介目标是以 M2 与通货膨胀之间具有显著的线性关系为前提的,而当 M2 不是货币政策的中介目标时,二者之间是否具有这样的关系就并不重要。过去,M2 在很长一段时间内被视为我国货币政策的中介目标,其对经济发展具有很重要的意义。本节将从发达国家角度分析,在发达国家将 M2 视为货币政策中介目标的时期内,M2 与通货膨胀是否保持了一致的正向关系?如果没有,那么二者的关系又是什么样的?其背后的原因是什么?与我国有何不同?以及是否同样的原因造成了我国 M2 与通货膨胀之间的背离?

一、发达国家货币政策目标的发展变化

从20世纪40年代至今,西方发达国家对货币政策中介目标及操作目标的选择大致上经历了三个阶段,五六十年代以价格型为主,七八十年代以数量型为主,90年代后选择更具个性化的指标作为中介指标,同时以短期货币市场利率作为操作目标,并且西方发达国家货币政策中介目标和操作目标的变化总是伴随着西方主流理论的变化。出于对货币政策在世界经济史中的地位、参考价值以及数据的可得性方面的考量。本书将主要以美国为例,回顾货币政策中介目标及操作目标的发展与变化过程。

(一)20世纪40年代至60年代末:以利率作为操作目标

受凯恩斯主义盛行的影响,美联储在这一时期选择利率作为货币政策操作目标。其中20世纪40年代至50年代初主要盯住国债利率,以帮助财政部筹措战争费用;50年代中期至60年代末则以货币市场利率作为主要操作目标。

1952年,美联储认为货币政策应该建立在对货币市场的直观判断基础上,为此将短期货币市场利率作为主要的操作目标。为了对货币市场的供需状况作出较为清晰的判断,美联储在以短期利率作为主要操作目标的同时,也把自由存款准备金作为监测货币市场状况的一个指标。所谓自由存款准备金,就是银行体系的超额存款准备金减去贴现贷款的差额。但在实践中,无论是采用货币市场利率还是自由存款准备金作为操作目标都有可能导致顺周期的货币政策。当预期通货膨胀率提高时,名义利率受费雪效应影响将有所上升,这时如果美联储试图通过购买国债来阻止利率上升,会导致基础货币和货币存量的增加,从而进一步增加通货膨胀的压力。20世纪60年代后期,经济学界对顺周期货币政策的批评逐渐增多,美联储也宣称货币政策应该逆经济风向行事,出于对通货膨胀的担心,美联储最终放弃了对货币市场利率的关注。

(二)20世纪70年代到80年代末:以数量型指标作为中介目标和操作目标

20世纪70年代,受石油危机影响,美国国内通胀水平一直居高不下,同时经济增长停滞,美国进入了"滞胀"阶段。凯恩斯主义难以对"滞胀"现象作出合理解释,也不能提供解决高通胀、高失业的良方,因而丧失了主流经济学的地位。此时美联储接受了货币主义和供给学派的思想,认为货币存量与通货膨胀之

间存在着较强的相关性，货币存量可以向公众传递长期政策态势，有助于建立中央银行的可信度和货币政策操作的责任感，为此美联储将货币存量作为中介目标。

1971年美联储将货币存量划分为M1、M2、M3三个层次，并确定M1为中介目标。为了更好地运用货币存量，美国国会于1975年开始要求美联储每季度向国会报告包括M1、M2和M3在内的货币存量目标和计划。其M1的目标区间是3%—6%，M2的目标区间是4%—7%，而对联邦基金利率规定的区间则相对较窄，为7.5%—8.25%。这一时期尽管美联储宣称以货币存量作为中介目标，但实际上仍关注货币市场利率的变化并将其作为操作指标。

20世纪70年代末，美国经济出现了持续的通货膨胀和经济增长停滞的现象，通货膨胀率曾高达2位数，M1大幅增长，美联储的年度M1控制目标难以实现，其公众信誉受到损害。1979年10月，保罗·沃尔克成为美联储主席，美联储于1979—1982年期间对M1的控制方式进行了调整，于1979年10月始通过设定非借入储备的增长目标来控制M1，同时将联邦基金利率的指标区间放宽为10%—15%。美联储为控制通货膨胀也付出了较大成本，1982年美国经济急剧收缩，失业率猛增，1982年美国公众对M1的偏好也有了较大改变，加之随着金融创新的加快以及金融管制的放松，导致M1的可预测性大大降低，因此1982年秋季美联储决定终止通过设定非借入储备的增长率来控制M1的做法，并将中介目标定为更广义的货币总量M2。但在实际操作中M2比M1更加难以控制，因为只有少数的M2组成部分受法定存款准备金规定的约束。到了1990年前后，M2的增长与经济增长的关系明显减弱，M2作为中介目标也就此结束。

（三）20世纪90年代以后：以联邦基金利率作为操作目标

由于金融创新的不断发展，一系列对传统的作为交易媒介的资产有很强替代作用的新金融工具不断涌现并被广泛运用，加之境外美元的流通也给其货币需求带来新的不确定因素，货币存量的相关性和可控性已大不如前。美联储宣布不再以任何层次的货币存量作为货币政策的中介目标，从而重新回到以利率为中心的轨道上来，"泰勒规则"成为美联储货币政策实施的参考。货币政策最终目标也确定为经济增长与币值稳定的双重目标。从此以后，美联储从依赖单一的中介目标转向依赖包括利率、货币存量（M1、M2）、汇率、通货膨胀率、产出和综合资产价格等多项变量在内的综合目标体系。

如表 5-1-1 所示,展示了主要发达国家货币政策中介目标演进过程。英国、德国、日本等发达国家中央银行的货币政策目标也经历了与美联储类似的演进过程,主要呈现以下特点:一是根据货币政策最终目标要求适时调整中介目标及操作目标。战后发达国家的货币政策最终目标发生了较大的变化,由50—60年代的关注经济增长和充分就业,到70—80年代的维持货币稳定,到90年代后的反通胀和对外收支平衡,中介目标、操作目标与之相适应,也经历了价格型—数量型—多元化的演进过程。二是中介目标选择与主流经济学理论发展关系密切。二战后,西方发达国家为了尽快恢复重建,接受凯恩斯主义的主要思想,选择利率作为中介目标,货币当局通过调控货币存量以影响利率,进而影响投资和国民收入,取得了良好的效果。20世纪70年代"滞胀"时期,各国中央银行转而接受货币主义的理论主张,选择货币存量作为中介标,货币存量直接影响人们的名义收入和支出水平,进而影响投资、总产出、就业和物价水平,较好地实现了物价稳定的目标。

表 5-1-1 主要发达国家货币政策中介目标演进过程

国家	50-60 年代	70-80 年代	90 年代以来
美国	以利率为主	先以 M1 后改为 M2 以为主	联邦基金利率
英国	以利率为主	英镑 M3 并参考 DCE,后来改以 M0 为主	20 世纪 90 年代初为汇率,1992年 10 月起实行通货膨胀目标制
德国	商业银行的自由流动储备	先以中央银行货币量 CBM,后改为以 M3 为主	M3 为主,同时考虑利率和汇率
日本	民间贷款增加额	M2+CD	90 年代为利率,2001 年实行数量宽松货政策后,为广义货供应量。

注:英国 DCE=流通中货币+银行准备金;德国 CBM=流通中货币+银行准备金。

二、M2 与通货膨胀关系比较

控制通货膨胀一直是中央银行最重要的目标之一,由于货币政策操作与其最终目标之间存在一定的时滞性,货币政策实施往往需要制定一个中介目标。在中央银行存在的 100 多年历史中,货币政策的中介目标总是不断发生着变化。过去我国实行数量型货币政策的一段时间内,M2 一直被视为我国货币政策的中介目标。然而我国 M2 与通货膨胀却保持着背离关系，那么在西方发达国家中，在将货币存量作为货币政策中介目标的阶段，M2 与通货膨胀是什么样的关系呢？

如图 5-1-1 所示，在主要发达国家中的情况是，M2 与 CPI 并不是必然保持着正或负的相关关系，英国 M2 与 CPI 之间保持着较为无序的状态，而英国自 20 世纪 90 年代以来一直实行通货膨胀制；相比之下德国与欧盟的 M2 与 CPI 之间关系则表现出一定的正相关关系，该时期内德国与欧盟都将货币存量纳入到货币政策的观测之中。

由于数据原因，本书只列出日本与美国 20 世纪七八十年代 M2 与 CPI 的关系。如图 5-1-2 和图 5-1-3 所示，在 20 世纪七八十年代的时间内，日本与美国的 M2 与 CPI 之间也同时出现了背离关系，但在两个国家，二者的背离关系并不相同，在日本 M2 与 CPI 数据变化更加平缓，二者在较长时间内发生了较为缓慢但是方向不同的背离趋势；美国 M2 与 CPI 之间则呈现不断交叉状，二者均呈现出波动性较大的特点，但在这个时期内，美国 M2 与 CPI 几乎总是保持着负向关系。

对于该问题，一些学者研究了该时期现象发生的原因。弗里德曼研究发现 1982—1987 年美国 M2 增长率为 48%，名义 GDP 只增长了 40%，但是在这一时期美国物价基本处于稳定状态，而美国 400 种工业股票指数则上涨了 175%，股票市值增加了近 1 万亿美元，恰好和同期的 M2 的增加额相抵。这种现象也同样出现于日本，薛敬孝（1996）研究发现 1987—1990 年日本的货币存量平均在 10% 以上，而 GDP 的增长率不超过 6%，物价基本上处于零增长状态，超额货币主要被股价和地价的大幅上涨所吸收。

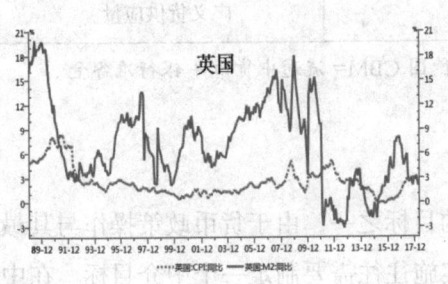

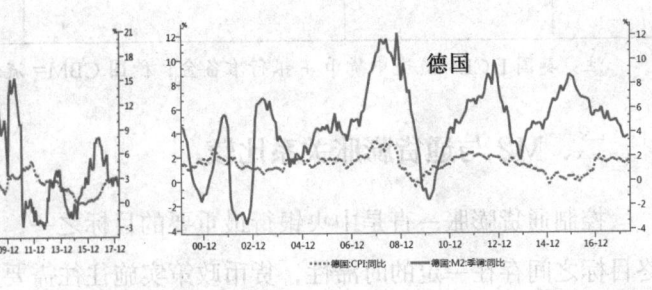

第五章 我国 M2 的扩张与通货膨胀关系分析

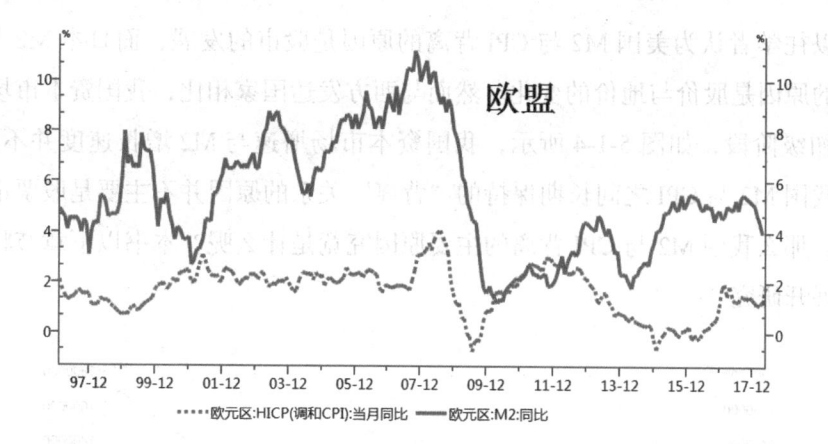

图 5-1-1 主要发达国家 M2 与通货膨胀关系

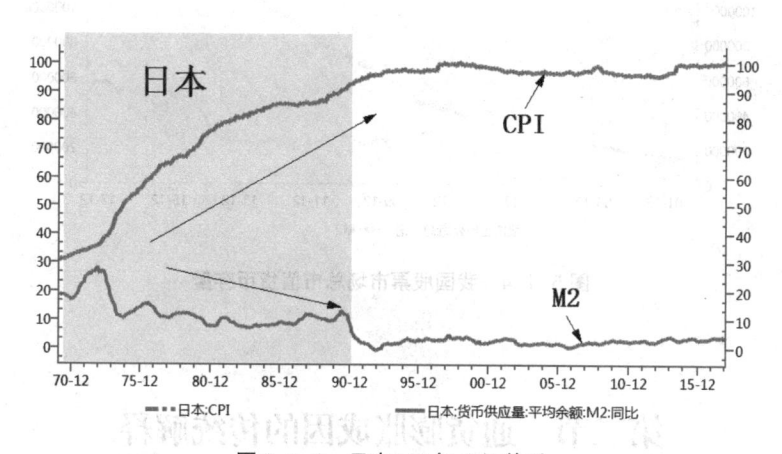

图 5-1-2 日本 M2 与 CPI 关系

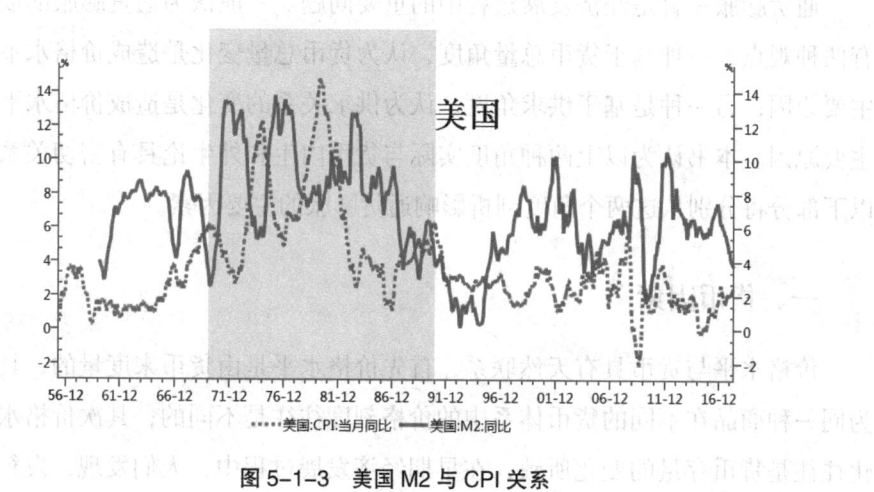

图 5-1-3 美国 M2 与 CPI 关系

以往学者认为美国 M2 与 CPI 背离的原因是股市的发展，而日本 M2 与 CPI 背离的原因是股价与地价的变化。然而与西方发达国家相比，我国资本市场一直处于初级阶段，如图 5-1-4 所示，我国资本市场增速与 M2 增长速度并不匹配。因此我国 M2 与 CPI 之间长期保持的"背离"关系的原因并不主要是股票市场的作用，那么我国 M2 与 CPI 背离的主要原因究竟是什么呢？本书以下章节将对该问题展开研究。

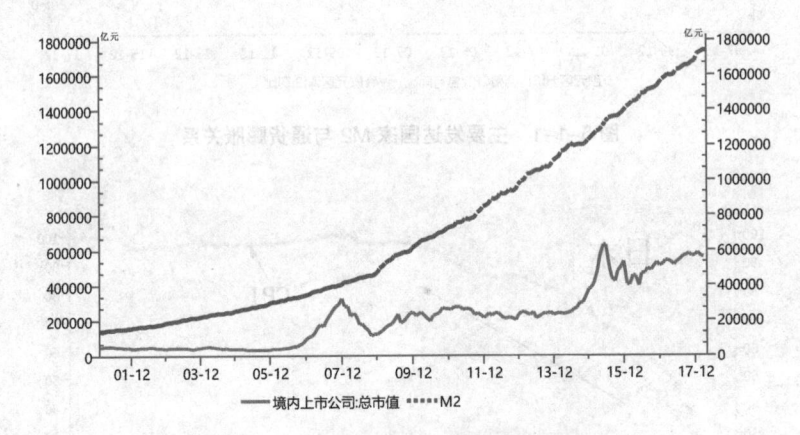

图 5-1-4　我国股票市场总市值货币存量

第二节　通货膨胀成因的传统解释

通货膨胀一直是经济发展过程中的重要问题。一般认为通货膨胀的成因主要有两种观点，一种基于货币总量角度，认为货币总量变化是造成价格水平波动的主要原因；另一种是基于供求角度，认为供求关系的变化是造成价格水平变化的主要原因。本书认为以上两种角度实际与货币内生和外生论具有密切关系，本节以下部分将分别从这两个角度剖析影响通货膨胀的主要因素。

一、货币因素

价格水平与货币具有天然联系，首先价格水平是由货币来度量的，具体体现为同一种商品在不同的货币体系中的价格刻度往往是不同的；其次价格水平的变化往往是货币存量的变化所致，在早期经济发展过程中，人们发现，发行货币能够拉动经济增长。自从中央银行出现以来，在历次经济危机中，为拉动经济脱离危机，大量发行货币往往是最直接有效的方式，而经济历史上所出现的恶性通货膨胀也往往与大量发行货币有密切关系。由此逐渐建立了货币与通货膨胀之间的逻辑关系。对于通货膨胀与货币之间的联系，Fridman（1970）有著名论断：通货膨胀无论何时何地都是一种货币现象。

货币数量理论观点可用货币数量方程来表达，根据费雪方程式（式（3.5））：其中，M 为货币数量；V 为货币流通速度；P 为价格水平；Y 为实际产出。式（3.7）表达了货币数量论对于货币存量与价格水平之间关系的理解，货币数量论认为产出 Y 主要由生产要素投入水平和技术水平决定，假设 V 不变，M 的变化主要体现为 P 的变化，货币存量与价格水平存在稳定的正向关系。

从货币数量论的角度来看，货币存量增长应与经济增长速度相适应，但是如果货币供给增长率大于经济增长率，就会引起通货膨胀。一直以来我国货币存量增长速度都远远大于经济增速，从长期来看，价格水平确实在一定程度上在缓慢增长，但是通货膨胀的增速远远低于货币存量的增速；从短期来看，2001 年以来，我国货币存量增速与通货膨胀往往呈现一种"背离"的状态，当货币存量增加时通货膨胀下降；当货币存量下降时，通货膨胀上升，这种现象在持有货币数量理论观点的学者眼中就成为难以解释的"中国之谜"。目前大多研究使用"货币政策的滞后性"来解释该现象，但是存在的问题是：（1）即使将货币存量增速向前移动相应的时期，其与通货膨胀也并未达到一致的正向关系，而仍然保持着"背离"关系；（2）货币政策的滞后性意味着高货币增长必然带来高通胀，而十多年以来我国通货膨胀率与货币存量增速之间并不匹配；（3）在 2008 年金融危机期间，我国货币存量增速与通货膨胀率出现前所未有的"背离"情况，这是货币政策的滞后性难以解释的。

实际上，在西方发达国家，货币存量增速与通货膨胀率的关系并非始终保持一致的正向关系，上文对西方发达国家经济发展史中，货币存量在货币政策中的地位的演变过程进行研究，并发现在将货币存量作为货币政策中介目标的一段时期内，美国、日本等发达国家货币存量增速与通货膨胀率也出现了明显的"背离"情况。说明货币存量增速与通货膨胀率并不一定保持一致的正向关系，这与理论的前提假设有关。

虽然货币数量论具有一定的局限性，但其所表达的货币存量增速与通货膨胀率的正向关系实际上反映了一种长期关系，国内外大多数学者也是基于长期数量得出的这一观点。从长期看，高货币增长会带来一定的通货膨胀，但需要注意的是，二者关系并不一定是 1:1 的关系，也就是说高货币增长从长期看也不一定会引起同等程度的通货膨胀，这与经济增长速度、货币流通速度有关，而在改革开放 30 多年来的时间内，我国长期保持了两位数的经济增速，这与西方发达国家有所不同，与货币数量论对于低经济增速的前提假设也有所不同。本书研究认为从长期看，我国高货币增长依然对通货膨胀具有一定的正向影响，但影响较小。

货币数量论的观点实际上也是一种货币外生论观点，货币外生理论一直是西方经济学中的主流理论，其认为货币存量的变化是由中央银行控制的，经济产出增长较慢，与货币存量变化相关性较低，这与西方发达国家经济现实是相适应的，我国在经济体制、发展阶段方面与西方发达国家具有较大不同，这也是导致货币外生论难以适用于我国经济的原因，对于货币外生论在我国的适用性问题的剖析将在本章最后一节中进行具体论述。

二、供求因素

从经济学角度来看，影响价格变动的内部因素是供求关系。从古典经济学对社会总供给、总需求的解释来看，宏观经济中的价格和产出变化趋势及可能的经济均衡可以用社会总需求曲线与社会总供给曲线来表示，如图 5-2-1 所示，社会总需求曲线上的所有点都表示商品与货币市场在某一价格水平均已达到均衡，而社会中供给曲线上所有点则表示在某一价格水平上，劳动力市场已达到均衡。在两条曲线的交汇处（A 点），表示整个经济（即商品、货币与劳动力市场）已经根据共同的价格水平达到均衡（P_0），对应均衡条件下的产出（X_0）。

引起社会总需求的因素可以包括以下几个方面：（1）居民边际消费倾向的提高；（2）政府和民间投资量的变化（如政府提高个税起征点的减税方式就可以促进私人消费增加，又或是降低利率也能促进资增加等）；（3）政府支出增加（如我国应对金融危机时出台的大规模经济刺激计划和应付自然灾害时的大量政府补贴都会增加实际需求）。

当社会总需求增加，如图 5-2-1 所示，总需求曲线从 D_0 向上移动到 D_1，而社会供给不变。社会总需求超过给定的社会总供给，从而拉动了价格水平上升。

与社会总需求增加类似，当社会总供给增加，如图 5-2-2 所示，社会总供给曲线由 S_0 移动至 S_1，社会总需求不变。社会总供给超过社会总需求，从而导致价格水平下降。

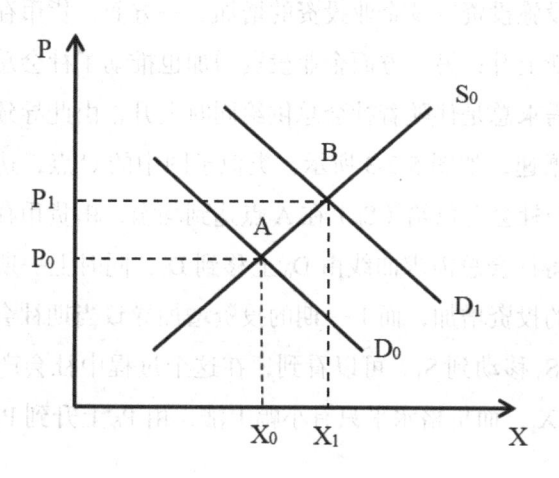

图 5-2-1 需求上升拉动通货膨胀

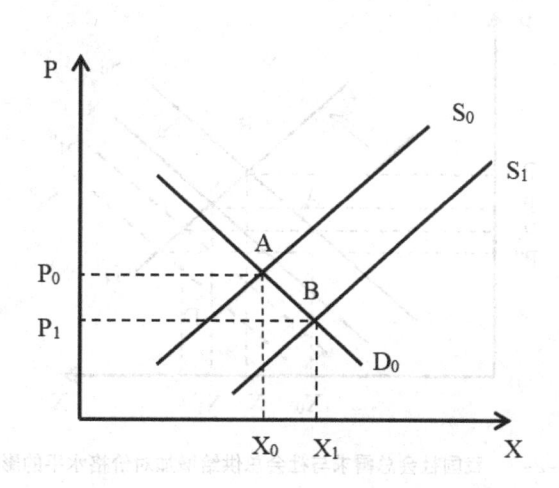

图 5-2-2 社会总供给增加对价格水平的影响

从以上两种情况可以看出，当社会总需求上升，社会总供给不变时，会导致价格水平上升；当社会总供给上升，社会总需求不变时，会导致价格水平下降。当社会总供给不变，货币存量增加引致社会总需求增加时，价格的上涨幅度与货币存量增速相匹配。然而现实中的情况并不总是出现单独的社会总需求或总供给的上升，当社会总需求与社会总供给同时上升时，可能出现三种不同的情况：价格上升、价格不变和价格下降。可以说只要存在社会总供给增加的情况，相比货币存量增速而言，价格的上涨幅度就会被社会总供给的增加"抵消"掉一部分。

改革开放以来，我国形成了以投资拉动为主的增长模式，扩张性的财政政策推动了公共基础设施投资以及企业投资的增加。一方面，货币存量的增加反映了社会总需求的不断上升；另一方面企业投资增加也推动了社会总供给的上升。不断上升的社会总需求总是伴随着社会总供给同时上升，由此导致价格上涨幅度远远低于货币存量增速，如图 5-2-3 所示，类似图中的 C 点，达到均衡。初始社会总需求（D_0）与社会总供给（S_0）在 A 点达到均衡，由货币存量增加引致的社会总需求增加使得社会总需求曲线由 D_0 上移到 D_1，同时上一期社会总需求增加也会导致上一期的投资增加，而上一期的投资增加导致当期社会总供给增加，社会总供给曲线由 S_0 移动到 S_1。可以看到，在这个过程中社会产出实现了大幅增长，由 X_0 增加到 X_1，而价格水平只有小幅上涨，由 P_0 上升到 P_1，最后在 C 点达到均衡。

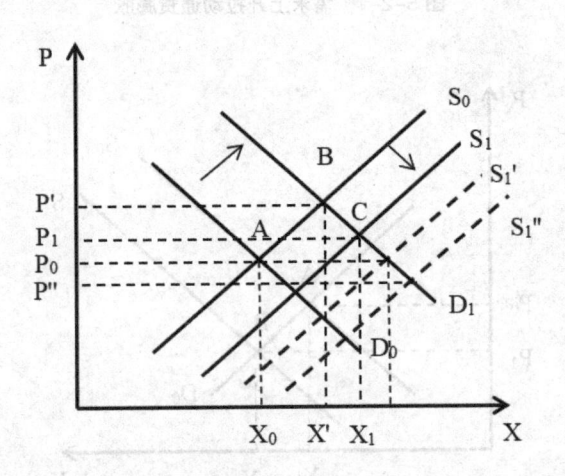

图 5-2-3 我国社会总需求与社会总供给增加对价格水平的影响

一直以来，我国价格水平一直保持一定速度的增长，但远远低于货币存量增速，主要原因可以解释为，我国以投资拉动为主的增长模式，一方面拉动社会总需求增加；另一方面也推动了社会总供给增加。在这个过程中，在供求关系的作用下，价格不断趋于新的均衡，货币存量增长反映了经济的内生增长的不断循环过程。

第三节 内生货币条件下通货膨胀形成原因

如果说货币是内生与经济的，那么货币的决定过程就和通货膨胀的决定过程是在同一个经济链条中决定的，货币的通货膨胀效应取决于经济内部运行的通货膨胀效应，研究 M2 的通货膨胀效应就需要从经济内部寻找背后的推动因素。本节在后凯恩斯主义内生货币相关理论的基础上分析了通货膨胀的一般成因，为后文的实证检验奠定基础。

内生货币不仅仅是对于货币性质的判断，在本质上，也是一种宏观经济分析的范式。这种范式也被称为生产的货币理论。该理论将经济看成一个事件流，而不是一个均衡点。

假设在一个三部门的经济中（包括企业、居民、银行，其中企业氛围投资部门与商品部门），一般来说，可以将一个时期内货币循环分为四个阶段。

（1）循环的第一阶段：生产决策和定价

在货币循环开始时，厂商需要作出两个关键的决定。首先，在循环的初期，厂商必须决定他们生产产品的货币价值。这意味着厂商需要决定生产的数量，同时也需要决定产品价格。其次，虽然企业已经从前一个生产周期中留存了一定的资本存量，同时也保留了一定的债务量，但他们还是必须决定是否在前一期的水平上继续生产，或者提高，或者降低生产水平。

类似于新古典理论，假设厂商在生产的时候具有生产函数。在给定生产函数后，企业从上一期继承了资本，在决定产量的同时，就需要决定是否要投资。企业在决定产量的时候本质上决定了两个变量，一个是资本使用率，即现有资本是开足马力生产还是使得一部分空余，从而降低产量；另一个变量就是下一期的资本量是多少。决定资本使用率的因素是有效需求，而有效需求取决于对未来收入的预期，而投资量主要取决于长期中收入的预期，因此生产量和投资量的决定来自企业对于近期收入和远期收入对比的预期。我们假设利率和工资都是外生变量，那么起到了决定性作用的实质上就是凯恩斯认为的不确定性，企业需要针对不确定性产生自己的预期，然后根据预期进行生产和投资决策。

在生产和投资决策的同时，企业也需要对产品进行定价。我们假设企业的定价策略是加成定价。在内生货币理论中,经济当事人不是去进行最优化,而是按照规则行事,因此,是在有限理性的假设下按照使得自己满意的规则行事。那么,按照加成定价规则,由于前面假设企业知道自己的生产成本,企业的生产决策就取决于投资,而加成率的下限是由银行给企业设定的外部约束决定的。因为企业需要证明自己能够通过加成率来获得足够的利润,从未在归还本金的同时归还利息。

(2)循环的第二阶段:货币的内生创造

货币循环的第二个阶段是企业实际获得银行信用,即凯恩斯所指的"融资动机"。企业在上一阶段对生产与投资作出决策后,向银行寻求融资,这个过程创造了货币和贷款。货币循环主义者认为,只有当银行信用为生产进行融资的时候,新的货币才被创造出来。银行信用的创造和货币的创造是同时进行的。值得注意的是生产性融资并不是同企业或者家庭的事前储蓄关联在一起的。关于这一点,凯恩斯做过明确的论述,凯恩斯认为"'融资'与事前储蓄无关……关于事前储蓄的概念,我认为它毫无意义"。从投资角度来看,投资的独立性是内生货币理论的第一推动力,是模型中其他变量运动的原因。投资并不依靠储蓄来进行,而是产生了之后的储蓄。投资在根本上是一种债务,货币提供了其进行支付的手段。

从生产的角度来看,由于生产实际发挥作用是需要花费时间的,这段时间是没有产品的,也就不能够提供储蓄,因此,在生产过程中,企业需要花费生产成本,这就需要进行相应的融资。当企业需要融资来进行生产和投资的时候,其一般采用的融资工具是银行授信。

虽然生产和投资都是从银行融资的,但是,这两种融资在还款期上有所不同。企业需要在当期对流动资金贷款进行偿还,从而产生"回流",封闭一个循环。但是企业不需要马上偿还投资贷款,而是可以分成几期来偿还,意味着企业将对银行处于长期负债的状态。

(3)循环的第三阶段:收入流的产生

循环的第三个阶段是收入的支付和投资品的购买,这是货币循环中十分重要的一步。对生产性企业来说的费用支出,对家庭和投资性企业来说则是收入所得。企业必须进行支出以便在未来从他们的产品销售中重新获得货币(Parguez,1997)。企业必须为了获得货币和利润而进行相应的支出。

当企业从银行获得信贷之后，就可以用于支付工资和原材料费用，这时候工人就获得了收入，从而能够进行下一步的购买行为。

（4）循环的第四阶段：货币回流和利润的创造

一旦工人获得了工资，货币的回流就开始了。当工人有了货币之后，就可以购买消费品。生产消费品部门的企业就获得了收入。消费品部门企业就可以利用这部分收入购买投资品部门的产品，加上投资品部门内部的交易，投资品企业也就获得了总收入。企业获得收入后，将收入用于归还银行贷款①，至此，货币灭失，循环结束。

如果工人没有储蓄，那么全部货币都会回到企业手中，企业归还贷款，整个循环就完结了。

当然，家庭不持有储蓄的假设是不合理的。家庭持有储蓄的形式可分为银行存款和企业债券两种形式。当购买新发行债券时，企业又获得了资金，可用于归还银行贷款。因此，消费和购买新发行债券两种形式对于企业是一样的，都是资金回流；对于家庭持有的银行储蓄，这部分资金没有回流，企业需要多期来归还。

综合上述各步，完整的货币循环可以概括为图5-3-1。当然在现实中，由于每个企业的生产周期不同，现实是多个循环的叠加，而不能在企业和商业银行的资产负债表上体现出清晰的逻辑。现实中银行的贷款一定是短期和长期并存。

在上述循环中，投资依靠长期贷款实现，并产生了之后的储蓄，如凯恩斯所说，投资和储蓄是由不同部门完成的，因此，二者并不必然相等。如果不等，经济就处于失衡状态。与新古典增长模型关心实物不同，在内生货币理论中，经济开始于名义贷款，也结束于名义现金流，对于失衡的调整就体现为名义调整。由于名义值等于数量乘以价格，所以，我们可以认为失衡状态的调整有两种模式，一种是产出，一种是价格。在内生货币条件下，通货膨胀的原因是投资与储蓄的事前不等，如果投资大于储蓄，导致通货膨胀；如果投资小于储蓄，导致通货紧缩。

如图5-3-1所示，假设经济最初贷款为100元，投资部门决策是投资40元，消费部门是生产60元。最终贷款将全部转化为工人（家庭）的收入100元。此时，

---

① 企业将收入用于归还银行贷款一方面是出于对债务的偿还义务，另一方面也是为了在下一期继续获得银行贷款。

如果工人的储蓄低于0.4，在此假设为0.3，工人就需要消费70，而消费品产出仅有60元，所以就导致了供不应求，消费价格上涨，同时产出增加。

在这里投资包括企业投资和个人投资，企业投资需要借助于银行信贷；个人投资，如房地产投资，则建立在住房贷款基础之上。用于投资部分的资金最终会流入工人手中，一部分用于消费一部分用于储蓄。当期投资的结果会造成下一期的产出增加，而下一期投资和生产投入增加同样会拉动需求的上涨，达到新的产出和价格的均衡。

从以上分析中我们可以得出假说：投资是通货膨胀的原因。本书将在下一章中验证该假说。上述模型是建立在封闭的经济体中，如果在开放经济体中应该将进出口因素纳入模型考虑，但第四章中实证检验分析就已经证明了，进出口对M2贡献较小，并且在稳健性检验中其对CPI影响也同样较小，因此在下文实证分析中将不纳入进出口因素进行分析。

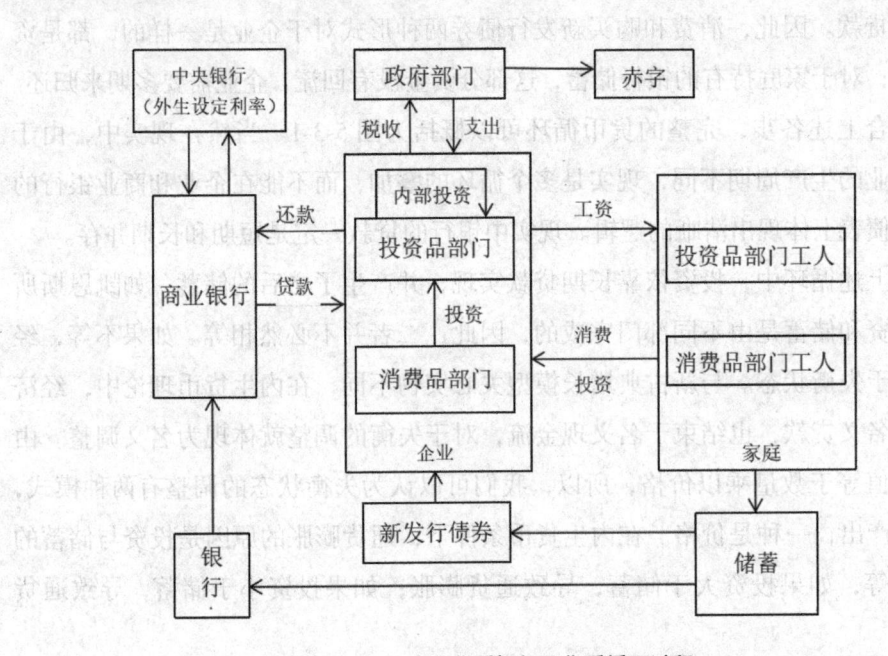

图 5-3-1　内生货币框架下货币循环过程

第六章 我国 M2 与通货膨胀关系的实证分析

本章利用大量的公式和数据分析我国 M2 与通货膨胀的关系、投资与通货膨胀的关系。基于货币内生视角对"中国之谜"进行了解析，并分析"过度刺激"的形成机制。

第一节 基于 SVAR 模型的 M2 与通货膨胀关系的实证分析

一、实证模型建立

为通过实证分析我国 M2 与通货膨胀之间的关系，我们先需要构建二者之间的实证模型。上文中分析认为 M2 的通货膨胀效应主要体现为固定资产投资的通货膨胀效应，其原因是投资增加造成了供求关系的变动，而投资活动主要依靠贷款作为支撑，投资增加的同时货币存量也同时增长，货币存量与通货膨胀的共生在数据上表现为货币增加时出现通货膨胀，但是这仅仅是一种统计现象，二者没有因果关系，实际上投资活动作为中间变量传递了货币存量与通货膨胀之间的关系。

因此在建立实证模型时，我们需要将投资因素纳入考虑，通过实证检验分析 M2、投资与通货膨胀之间的关系。

凯恩斯从内生角度提出过货币需求函数：

$$\frac{M^d}{P} = f(i, Y) \quad (6.1)$$

他将持有货币的动机归结为三个方面：交易动机、预防动机和投机动机。他认为在交易动机与预防动机中，实际货币余额与实际收入 Y 成正比例关系。在投机动机中，他假设用来储藏财富的资产可以分为货币与债券两类，影响个人持有货币与债券比例的主要因素是利率 i。因此货币需求与实际收入 Y 以及利率 i 有关。

与凯恩斯的分析相比，中国经济现实的特殊之处在于：在投机动机中，用来储藏财富的资产不适合用货币与债券的形式来作为假设。我国资本市场起步较晚，企业债券发行量相较于国民经济收入几乎可以忽略不计。债券并不是居民和企业储藏财富的主要手段，相比而言，房地产是我国居民和企业实现投机动机的主要领域，然而房地产投资收入并不取决于利率 i。另外，改革开放以来我国所形成的投资拉动型经济模式主要以地方政府融资平台从商业银行获取贷款的形式推动公共基础设施的建设，这个过程也是 M2 扩张的重要途径之一。由此可见，我国 M2 扩张过程主要是通过数量型渠道（信贷）而非价格型渠道（利率）。

虽然凯恩斯的货币需求函数是从内生角度进行研究，但其通过利率作为中间变量的思路并不适合中国现实。

本书将基于米尔顿·弗里德曼提出的基于存量货币的需求函数，作为实证模型的基础。弗里德曼提出的货币需求函数如下：

$$M^d = L(y_t, \ w_t \ r_t \ \pi_t^e \ u) \qquad (6.2)$$

其中 y_t 为总产值，W_t 为非人力财富占总财富比例，r_t 为利率水平，π_t^e 为通货膨胀，u 为其他影响货币需求的因素。

弗里德曼的货币需求函数引入了凯恩斯的"资产选择"理论，按照弗里德曼重新表述的货币需求理论，货币需求是所有各种资产存量和收入流量的函数。可见弗里德曼的货币需求理论注重从存量角度考察货币存量与资产存量的关系。

参考师勇（2002）、伍志文（2005）对该函数的处理，将包含在 u 中的资产存量因素（k_t）纳入考虑，将货币需求函数调整为：

$$M^d = L(y_t, \ k_t \ r_t \ \pi_t^e \ u) \qquad (6.3)$$

货币存量的均衡意味着：

$$M_t^s = M_t^d = L(y_t, \ r_t \ \pi_t^e \ k_t \cdots\cdots) \qquad (6.4)$$

t-1期已确立的均衡为：

$$M_{t-1}^s = L(y_{t-1},\ r_{t-1}\ \pi_{t-1}^e\ k_{t-1}\cdots\cdots) \tag{6.5}$$

我们将（6.3）式在 r_{t-1}，π_{t-1}，k_{t-1} 附近泰勒展开：

$$M_t^s = L(y_t,\ r_{t-1}\ \pi_{t-1}^e\ k_{t-1}\cdots\cdots) + L_r(r_t - r_{t-1}) + L_\pi(\pi_t - \pi_{t-1}) + L_k(k_t - k_{t-1}) + R_n \tag{6.6}$$

R_n 为泰勒余项，可略之不计，L_r，L_π，L_k 分别为 Mtd 对 r，π 和 k 的偏导数。

我们认为在货币内生环境中，一个合理的假设是，货币需求是总产值的线性函数，则有：

$$L(y,\ r,\ \pi^e,\ k,\cdots\cdots) = \beta(r,\ \pi,\ k,\cdots\cdots)y + L(r,\ \pi,\ k,\cdots\cdots) \tag{6.7}$$

在上式中加入时间下标，分别代入（6.5）和（6.6）并求其差，得到：

$$\Delta M_t^s = \beta_{t-1}(r_{t-1},\ \pi_{t-1}\ k_{t-1}\cdots\cdots)(y_t - y_{t-1}) + L_r\Delta r_t + L_\pi\Delta\pi_t + L_k\Delta k_t + R_n \tag{6.8}$$

上式可重写为：

$$\Delta M_t^s = \beta_{t-1}(y_t - y_{t-1}) + L_\pi\Delta\pi_t + L_r\Delta r_t + L_k\Delta k_t \tag{6.9}$$

不难看出，上式的第一项表示通常意义的交易性货币需求，所有的导数和微分的乘积项表示其他各种货币需求，例如，$L_r\Delta r_t$ 表示投机性货币需求，$L_\pi\Delta\pi_t$ 表示持有货币和实物购买之间的选择，$L_k\Delta k_t$ 表示资产存量货币化或广义货币化所带来的货币需求。

由于货币需求的利率弹性（r_t）很低，参数估计不显著（秦朵、易纲等都得到了相似的结果），所以去掉这一项。式（6.9）可修改为：

$$\Delta M_t^s = \beta_{t-1}\Delta y_t + L_\pi\Delta\pi_t + L_k\Delta k_t \tag{6.10}$$

（6.10）式建立了货币存量（m）、经济增长（y）、通货膨胀（π）和资产存量（k）之间的关系。根据以上关系建立一个四变量的SVAR模型。在SVAR模型中，包含了通货膨胀（π）作为被解释变量方程：

$$\pi_t = \beta_0 + B_1 M + B_2 Y + B_3 K + B_4 \pi^{t-} + u_t\ (t=1,2\ldots T) \tag{6.11}$$

其中，
$$Y = \begin{bmatrix} y_t \\ y_{t-1} \\ \vdots \\ y_{t-n} \end{bmatrix}, \quad K = \begin{bmatrix} k_t \\ k_{t-1} \\ \vdots \\ k_{t-n} \end{bmatrix}, \quad \pi^{t-} = \begin{bmatrix} \pi_{t-1} \\ \pi_{t-2} \\ \vdots \\ \pi_{t-n} \end{bmatrix}, \quad u_t = \begin{bmatrix} \varepsilon_t \\ \varepsilon_{t-1} \\ \vdots \\ \varepsilon_{t-n} \end{bmatrix}$$

B_1，B_2，B_3 分别为系数行向量。

SVAR 模型具体形式为：

$$A_0 X_t = A_1 X_{t-1} + A_2 X_{t-2} + A_3 X_{t-3} + \ldots + A_n X_{t-n} + u_t (t=1,2\ldots T) \quad (6.12)$$

其中：
$$X_t = \begin{bmatrix} m_t \\ y_t \\ \pi_t \\ k_t \end{bmatrix},$$

A_i 为 $k \times k$ 的系数矩阵（k 为变量个数，在此处取值为 4），u_t 为随机冲击组成的 k 维列向量。进一步假定随机冲击 u_t 为白噪声随机向量，且不同随机变量之间不相关，由此结构式残差（结构冲击）u_t 的方差—协方差矩阵为对角矩阵，即 $E(u_t u_t') = \Lambda_k$。A_0 为主对角线元素为 1 的 $k \times k$ 矩阵，在此设 A_0 为下三角矩阵。

二、数据说明

根据实证研究目标，本书将通过构建 SVAR 模型来对我国 M2 的扩张原因进行研究，使用广义货币存量（M2）作为货币量（M）的替代指标；选取 CPI（居民消费价格指数）作为通货膨胀的代理指标；一直以来对于 M2 扩张原因争论不已，帅勇（2002）和伍志文（2003）认为资本市场是我国 M2 扩张的主要原因，本书分析认为以公共基础设施投资与房地产投资为代表的固定资产投资是 M2 扩张的重要原因。为对比分析两种不同因素对 M2 扩张的影响，本书分别选取固定资产投资完成额（FI）与资本市场总市值（SAB）作为资产存量的代表进行对比分析，参照帅勇（2002）、伍志文（2003）的研究将股票、债券总市值之和代表资本市场总市值；与工业增加值（累计）相比，GDP 是流量数据，且目前只公布了季度数据，本书所建立的实证模型是基于弗里德曼存量模型基础上，其中收入 y 为存量数据，另外，范从来（2015）认为第二产业发展造成了我国 M2 的迅速扩张，因此本书选取工业增加值（IAV）作为总收入的代理指标。本书所选用数据均采用月度同比数据。从所选用数据类型来看，本书所选用数据（货币存量（M2）、固定资产投资完成额（FI）、债券市场总市值（SAB）等）皆为累计同比数据。根据数据的可获得性选取 2003 年 1 月至 2016 年 12 月作为研究区间，其中固定资产投资完成额缺失 2003 年至 2016 年各年 1 月份数据，社会消费总额缺失 2013 年至 2016 年每年 1 月数据，对于缺失数据采用插值法进行处理。另外，为消除异方差对所有序列采用去对数处理，并对所有序列采用 Census X12 方法去除数据中的季节因素。本书研究样本数据主要来自 wind 数据库。

三、实证结果分析

（一）单位根检验

运用 ADF 检验和 PP 检验对模型中会使用到的各数据进行平稳性检验，从结果看，各序列均为一阶单整序列，其差分均为平稳序列。具体结果如下（表 6-1-1）。

表 6-1-1　变量平稳性检验

变量	检验形式 （C，T，K）	ADF 检验	10% 临界值	5% 临界值	1% 临界值	检验结果
M2	（C，0，K）	-2.942**	-2.576	-2.879	-3.470	平稳
FI	（0，0，K）	-5.095***	-1.615	-1.942	-2.580	平稳
SAB	（C，0，K）	-2.914**	-2.576	-2.878	-3.470	平稳
IAV	（C，T，K）	-4.244***	-3.142	-3.437	-4.014	平稳
CPI	（C，0，K）	-2.840***	-2.576	-2.880	-3.472	平稳

说明：检验形式（C，T，K）分别表示单位根检验方程包括常数项、时间趋势和滞后项的阶数，滞后阶数根据 AIC（Akaike Info Criterion）、SIC（Schwarz Info Criterion）准则自动确定最优滞后阶数。"*""**""***"分别表示 10%、5%、1% 显著水平下的临界值。

于是根据 AIC、SC、LR、FPE、HQ 法则，确定模型滞后阶数，如表 6-1-2 所示。从表中可看出，AIC 和 SC 都确定最佳滞后期数为 2，于是我们建立滞后 2 阶的 SVAR（4）模型。

如图 6-1-1 所示，可见单位根均落入圆内，表明模型结果稳定可靠。

表 6-1-2 最佳滞后期数选择

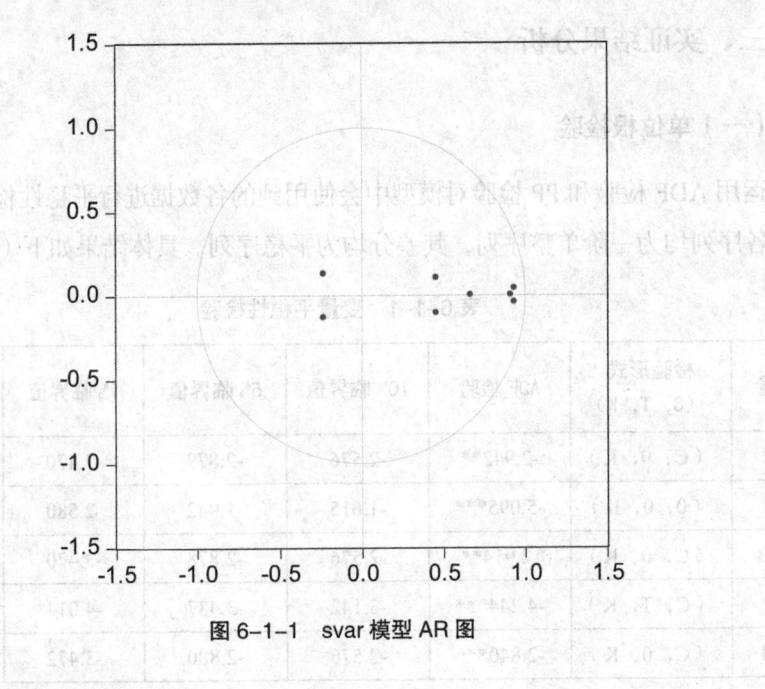

滞后期数	LR	FPE	AIC	SC	HQ
0	NA	25546.01	21.50	21.58	21.53
1	1319.64	6.96	12.79	13.67	13.45
2	106.85	4.22	12.70*	13.47*	13.06*
3	31.22	4.17	12.78	13.77	13.18
4	28.66*	4.18	12.78	14.08	13.31
5	34.18	4.01	12.73	14.34	13.38
6	33.79	3.83*	12.73	14.59	13.46

注：表中"*"代表根据各准则选取的最佳滞后期数

图 6-1-1 svar 模型 AR 图

（二）格兰杰因果检验

如表 6-1-3 所示：(1) 投资是通货膨胀的原因，同时通货膨胀不是投资的原因，验证了上一章的假说。(2) 通货膨胀（CPI）是 M2 的格兰杰原因，同时 M2 不是 CPI 的格兰杰原因。一方面说明 M2 与 CPI 之间并不具有必然的联系，M2 与通货膨胀之间的关系是通过投资作为中间变量来传递的；另一方面，说明我国货币政策通过控制 M2 从而控制通货膨胀的传导机制受阻，M2 作为我国货币政策中介目标的合理性应受到质疑，这一结果也同时验证了本书上一章的分析，我国货币政策操作目标实际上是通货膨胀而非 M2，M2 的变动是由于 CPI 的变动，我国货币存量变动并非外生，而是内生的。（3）固定资产投资（FI）是 M2 的格兰杰原因，工业增加值（IAV）不是 M2 的格兰杰原因。验证了上文中的分析：固定资产投资是导我国 M2 扩张的格兰杰原因，而工业增加值不是我国 M2 扩张的格兰杰原因。（4）M2 是工业增加值的格兰杰原因，说明信贷仍是我国第二产业增长的重要动力。而 FI 与 IAV 之间互为格兰杰因果关系也说明了公路、铁路等基础设施建设以及厂房、机械设备等固定资产投资促进了第二产业的发展，而第二产业的发展也同时带来了大量的固定资产投资。

表 6-1-3　格兰杰因果检验结果

原假设	F 统计量值	拒绝/接受原假设
FI 不是 CPI 的格兰杰原因	2.721** （0.046）	拒绝
CPI 不是 FI 的格兰杰原因	0.344 （0.793）	接受
M2 不是 FI 的格兰杰原因	9.177*** （0.010）	拒绝
FI 不是 M2 的格兰杰原因	6.840** （0.033）	拒绝
M2 不是 IAV 的格兰杰原因	8.587** （0.014）	拒绝
IAV 不是 M2 的格兰杰原因	2.535 （0.281）	接受
M2 不是 CPI 的格兰杰原因	3.062 （0.216）	接受
CPI 不是 M2 的格兰杰原因	13.101*** （0.001）	拒绝
FI 不是 IAV 的格兰杰原因	13.549*** （0.001）	拒绝
IAV 不是 FI 的格兰杰原因	15.527*** （0.0004）	拒绝

说明："*""**""***"分别表示 10%、5%、1% 显著水平下的临界值。

我们采用Johansen（1995）基于向量自回归模型的协整检验方法对本书的六个变量的长期稳定关系进行检验。由于已经确定SVAR模型的滞后阶数为2，则Johansen检验的滞后阶数为1，检验结果表明变量之间存在1个长期稳定关系。

（三）脉冲响应分析

格兰杰因果检验从因果关系层面对各变量进行了检验，接下来我们利用脉冲响应分析，观察各变量相互之间的影响关系。

先考察造成M2高速增长的原因，为分析M2与各变量之间的动态关系，我们利用脉冲响应分析，分别给各变量一个新息冲击，观察M2对于这一冲击的动态响应过程。

如图6-1-2所示，可见M2对各因素冲击的反应：（1）与第四章实证结果相同，M2对于FI的正向冲击反应最为显著，FI残差的一个标准差冲击使得M2发生同向变化，并在第6期以后保持稳定，M2对IAV与CPI的冲击均为负向反应，说明FI作为M2扩张的主要原因的结论是稳健的。（2）与第四章实证结果一样，M2对于CPI冲击表现出负向反应，说明我国货币政策操作控制目标不是M2而是CPI，当CPI上行，央行实施紧缩性的货币政策回收货币，控制通货膨胀。（3）IAV残差的一个标准差冲击使得M2发生反向变化，在前两期并无影响，从第3期开始出现负向影响，并在第6期以后逐步稳定。第二产业增长意味着工业企业效益增加，一直以来银行贷款为工业企业发展提供了重要支持，银行信贷是企业扩张的原因而不是结果，当经济上行时，企业有能力归还银行贷款，降低企业负债，使用自有资金进行投资；当经济下行，工业企业效益降低时，以国企投资为主的财政刺激往往会推动信贷的增长，同时，工业企业效益降低并不意味着破产，而更多地表现为企业贷款的展期。工业增加值下降时，企业对银行贷款的依赖性更强，这符合我国经济运行的逻辑。

如图6-1-3所示，可见CPI对各要素冲击的反应：（1）CPI对于M2冲击在前4期为负向反应，从第5期开始由负转为正，意味着M2扩张会使得CPI出现一个先下降后上升的过程，短期内，M2增加会使得CPI下降，长期看，M2增长会使得CPI上升。这与第四章中实证结果相类似，说明了结果的稳定性；（2）CPI

对 FI 反应呈现为由负转正的过程，在前两期 FI 的一个正向波动会使得 CPI 迅速下降，从第 3 期开始上升，到第 6 期前后由负转为正，表明 FI 增长短期内会使得 CPI 迅速下降，长期看依然具有拉动通货膨胀的效果。

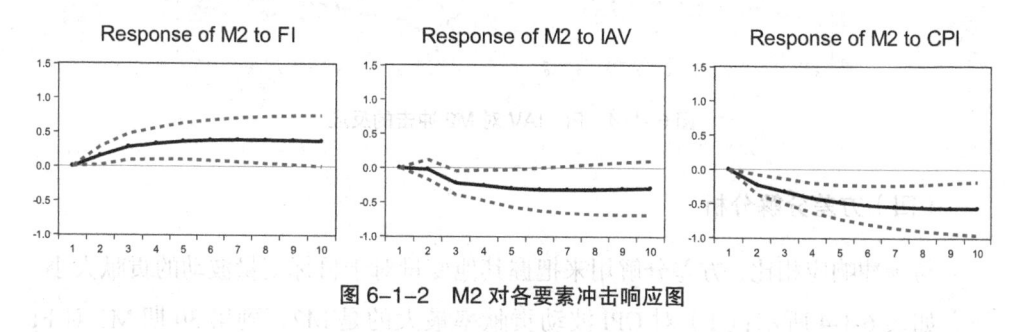

图 6-1-2　M2 对各要素冲击响应图

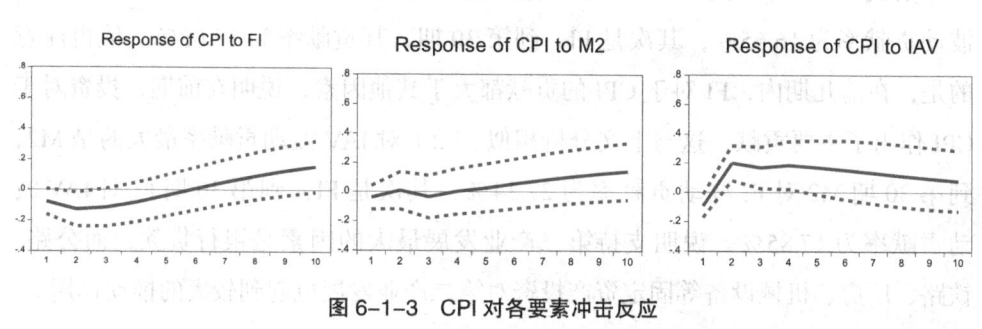

图 6-1-3　CPI 对各要素冲击反应

如图 6-1-4 所示，可见模型中其他因素对 M2 冲击的反应：(1) M2 残差的一个标准差冲击使得 FI 发生同向变化，前 3 期迅速增加，从第 4 期开始逐步放缓，到第 10 期趋于稳定。说明我国固定资产投资显然是由银行贷款推动的。(2) M2 残差的一个标准差冲击使得 IAV 发生由负转正的变化，在前两期 M2 的冲击使得 IAV 迅速下降，从第 2 期开始改变下降趋势，转为上升，到第 4 期开始由负转为正，之后逐渐增加。对工业企业来说，M2 增加意味着企业贷款增加，一般来说企业从银行贷款用于投资生产，而从投资到产出的过程需要一段过渡期，在这段时期内，企业的投资虽然并没有形成产出，但仍然需要支付银行贷款利息，对企业来说是净支出。而随着企业产出的逐步实现，产品开始创收，企业效益也由净支出转为净收入，工业增加值伴随着企业效益逐步增加。

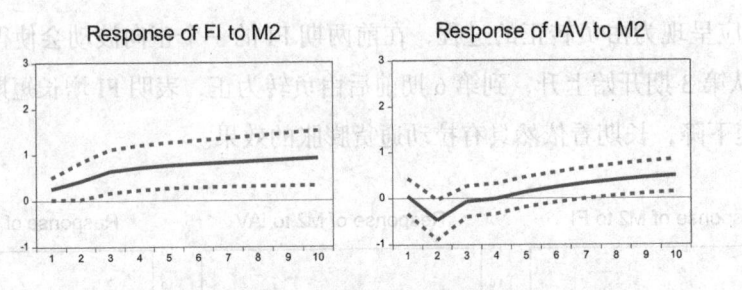

我国货币存量的扩张及其与通货膨胀的关系研究

图 6-1-4　FI、IAV 对 M2 冲击的反应

（四）方差分解分析

与脉冲响应相比，方差分解用来把握其他变量对于目标变量波动的贡献大小。

如表 6-1-4 所示：（1）对 CPI 波动贡献率最大的是 M2，到第 30 期 M2 对 FI 波动贡献率为 16.65%，其次是 FI，到第 30 期，其贡献率为 15.66%。值得注意的是，在前几期内，FI 对于 CPI 的贡献都大于其他因素，说明在前期，投资对于 CPI 作出了主要贡献，这与上文分析相似。（2）对 IAV 波动贡献率最大的是 M2，到第 30 期 M2 对 FI 波动贡献率为 27.34%，其次是 FI，到第 30 期 FI 对 IAV 波动贡献率为 17.85%。说明支持第二产业发展最大的因素是银行贷款，而公路、铁路、厂房、机械设备等固定资产投资对第二产业发展也起到较大的推动作用。

表 6-1-4　对 IAV 和 CPI 的方差分解

时期	对 IAV 的方差分解			对 CPI 的方差分解		
	M2	FI	CPI	M2	FI	IAV
1	0.04	2.49	0.00	0.61	3.22	1.05
2	2.82	2.29	2.92	0.25	7.17	3.52
3	2.35	2.27	4.45	0.27	6.90	3.44
4	2.10	3.05	5.43	0.19	7.24	3.40
5	2.10	4.09	5.94	0.19	7.36	3.29
6	2.45	5.28	6.14	0.29	7.36	3.17
7	3.14	6.52	6.16	0.51	7.30	3.04
8	4.15	7.73	6.07	0.86	7.62	2.92
9	5.42	8.88	5.91	1.32	7.80	2.80
10	6.89	9.96	5.72	1.90	7.89	2.69
15	15.09	13.99	5.02	5.96	9.38	2.37

续表

时期	对 IAV 的方差分解			对 CPI 的方差分解		
	M2	FI	CPI	M2	FI	IAV
20	21.66	16.19	5.49	10.59	12.57	2.57
25	25.50	17.31	6.90	14.29	13.08	3.08
30	27.34	17.85	8.63	16.65	15.66	3.66

注：表中数据单位为"%"，表示对被解释变量的贡献度。

如表6-1-5所示，方差分解结果表明：（1）对M2波动贡献率最大的是FI，到第30期M2对FI波动贡献率为32.60%，远大于其余变量对于M2波动的贡献。说明我国M2增长主要由固定资产投资拉动。（2）对FI波动率贡献最大的是M2，到第30期M2对FI波动贡献率为36.45%，远大于其他变量对FI的贡献，说明我国固定资产投资是由银行贷款推动的。可见M2与FI之间具有很强的互动性。这些进一步验证了上文中的观点。

综合上述分析，从格兰杰因果检验结果可以看出：（1）FI（投资）是CPI（通货膨胀）的原因，而M2不是CPI的原因，验证了第五章中的分析假说——投资是通货膨胀的原因；（2）同时，FI是M2的原因，说明M2与CPI之间的关系是通过FI来体现。

表 6-1-5　对 M2 和 FI 的方差分解

时期	对 M2 的方差分解			对 FI 的方差分解		
	FI	CPI	IAV	M2	CPI	IAV
1	0.00	0.00	0.00	2.73	0.00	0.00
2	2.69	1.27	0.03	3.58	0.53	1.18
3	5.41	3.65	1.73	5.66	1.33	0.97
4	8.31	5.40	2.91	7.53	1.84	0.74
5	10.96	6.83	4.03	9.40	2.06	0.66
6	13.30	7.92	4.88	11.25	2.12	0.76
7	15.36	8.77	5.53	13.10	2.09	0.96
8	17.20	9.45	6.01	14.97	2.05	1.19
9	18.84	9.99	6.37	16.84	2.00	1.37
10	20.31	10.42	6.63	18.72	1.98	1.49
15	25.85	11.74	7.21	27.22	2.43	1.39

续表

时期	对M2的方差分解			对FI的方差分解		
	FI	CPI	IAV	M2	CPI	IAV
20	29.31	12.31	7.29	32.81	4.04	1.20
25	31.41	12.56	7.25	35.52	6.28	1.29
30	32.60	12.67	7.19	36.45	8.54	1.49

注：表中数据单位为"%"，表示对被解释变量的贡献度。

从实证结果来看，投资（FI）的增加会使得CPI呈现出先减小后增大，由负转正的过程；同时M2的增加对于CPI也具有同样的效应。与上一章分析有所不同的是，FI的增加在短期内会使得CPI出现下降的现象，似乎与上一章的结论有出入，这并不意味着我们从内生角度分析M2与CPI关系的不准确，而是由于中国经济的特殊性所致。本章以下部分将从产能过剩角度对该现象进行分析。

第二节 投资与通货膨胀关系分析

通过上文分析得出，M2与通货膨胀的关系主要通过投资作为中间变量传递，那么分析M2与通货膨胀的关系需要从投资与通货膨胀的关系出发。在第五章中我们分析过，影响价格变动的根本原因是供求关系，短期内投资对于产出影响较小，对价格变化的影响主要体现在需求方面。本节将从产能过剩对投资拉动需求的影响和投资与消费关系两个方面对投资与通货膨胀关系进行分析。

一、产能过剩背景下投资对需求的效应分析

投资拉动型增长模式一直是我国经济增长的主要动力，投资不仅对需求具有拉动作用，而且投资行为本身是为了获取更多的产能，在经济活动中，经济主体并不具有准确的预知能力，其投资决策主要依靠过去的经验和当期的需求决定，在投资主体无法获取当期其他投资者的决策时，产能缺口可能吸引到过多的投资者加入，而过度投资的结果是产能过剩。

一直以来，产能过剩是我国经济中普遍存在的现象，无论是钢铁水泥等传统基建行业，还是光伏风电等新兴产业，均被业界公认为产能过剩。自2008年金融危机以来，产能过剩已成为我国经济发展最为突出的问题之一。

第五章中货币循环理论提出一个较为理想的货币循环过程。因为各个国家经济状况各有不同,其中并没有考虑可能遇到的现实情况。在货币循环理论中,投资是拉动需求、推动供给增长的原因,同时也是造成货币存量扩张、通货膨胀上升的原因,这是较为符合我国现实情况的。但是同时投资与需求的错位也可能同时导致产能过剩。而在产能过剩的背景下,投资对需求的拉动作用在初期往往被过剩的产能所抵消,而在中后期,随着过剩产能的消解,投资对需求的拉动作用才开始逐渐显现。因此在产能过剩背景下,投资对于价格的影响存在一个滞后期,这样的滞后是由于投资对需求的短期拉动作用被过剩产能所抵消。

二、投资与消费关系分析

在投资拉动型为主的经济增长模式中,通过地方政府融资平台推动的公共基础设施投资与房地产投资成为过去20多年拉动经济增长的重要动力。而公共基础设施投资与房地产市场之间具有联动效应。一方面,由扩张性财政政策所推动的公共基础设施投资使得城市资源不断完善,优势资源的聚集带动了人口的聚集,从而推动了房地产等资产价格的持续上涨;另一方面,房地产市场的发展推动了土地价格上涨,依靠出售土地获得收入已成为我国政府财政收入的主要来源。可见,房地产市场的不断发展可为政府财政提供收入来源,而以公共基础设施投资为主的财政政策会推动房价的持续上涨。

以房地产为代表的资产价格上涨已经成为影响居民和企业消费和投资行为的重要因素。从收入分配角度来看,居民和企业的收入除了必要的储蓄以外,可以分为投资和消费两块。在此假设居民和企业用于投资与消费的总额一定。当投资需求增加时,用于消费的部分就会减少,即投资倾向上升会对消费产生"挤出"效应。资产价格上涨主要从两个方面对居民和企业的投资和消费行为产生影响:一方面,房地产等固定资产具有投资品属性,其价格不断上升会推动房地产的预期投资回报率上升,从而推动居民和企业对房地产的投资倾向上升,即扩张性的财政政策推动资产价格上涨最终会导致居民和企业投资倾向上升,从而对消费产生"挤出"效应;另一方面,对于将购置房产作为刚性需求的一部分人来说,房价的迅速上涨意味着未来为购置房产需要花费更多的资产,在总收入一定的情况下,减少当前消费是增加未来消费能力的唯一方法,也就是说,对于刚性需求的一部分人，房价上涨会对当前消费造成抑制效应。可见，当房价持续上涨时，房产无论作为投资品或是刚性需求品，均具有对消费的抑制效应。

在短期内，对价格水平变动主要源于需求变动，如果投资对需求的拉动作用被过剩的产能所抵消，同时在投资需求对消费存在"挤出"效应的情况下，投资增加会导致短期内的需求下降而不是增加，从而使得价格下降。这是投资的短期通货紧缩效应的传导机制，为验证这一机制，还需验证投资"挤出"消费的现象，对此，本书提出以下假说。

（1）投资在短期内会导致消费下降。
（2）公共基础设施投资对房地产销售起到促进的作用。
（3）房地产销售对消费具有"挤出"效应。

三、对假说的实证检验

本书将分两步对以上假说进行验证。首先，对于假说（1）的验证，本书第四章中对固定资产投资（FI）与社会零售消费总额（SC）之间的关系已经做过检验，为验证该结果的稳健性，本小节将基于本章第一节的实证模型参考 chen（2012）的做法用社会零售消费总额（SC）替代通货膨胀（CPI），此做法一方面用于检验假说（1）结论的稳健性；另一方面可作为第一节实证分析的稳健性检验。其次，本小节将对于假说（2）和假说（3）进行检验，通过建立公共基础设施投资（PI）、房地产销售（ES）和消费（SC）之间的 SVAR 模型来分析三者之间相互的关系。

（一）对投资与消费关系的实证检验

我们采用社会零售消费总额（SC）替代通货膨胀（CPI）的方法对第一节中的实证模型进行实证分析，相关数据说明与平稳性检验在上文实证中已经列出，其他重复部分在此不再赘述[①]。

如图 6-2-1 所示，SC 对于 FI 冲击在前两期为负，之后慢慢上升，到第 6 期开始由负转为正。表明投资增长在前期会导致消费的下降。

---

① 由于该实证同样涉及 M2 与 FI、SC 等因素的关系，上文实证中已经做过稳健性检验，并且该实证所涉及其他结果与上文中结果一致，故在此不再列出，仅列出主要部分。

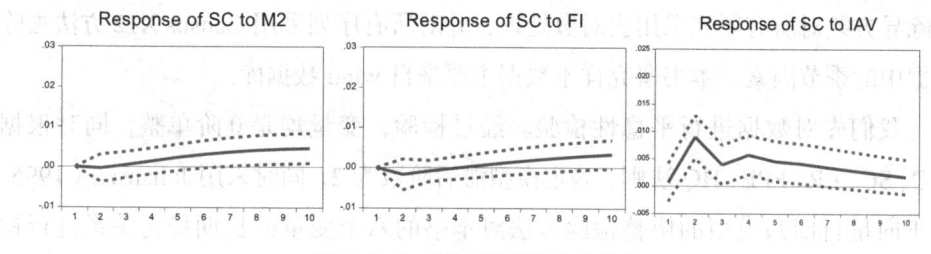

第六章 我国M2与通货膨胀关系的实证分析

图 6-2-1　SC 对各要素冲击反应

如表 6-2-1 所示：FI 是 SC 的格兰杰原因，SC 不是 FI 的格兰杰原因；同时 M2 是 SC 的格兰杰原因，而 SC 不是 M2 的格兰杰原因。

表 6-2-1　格兰杰检验结果

原假设	F 统计量值	拒绝/接受原假设
FI 不是 SC 的格兰杰原因	3.724** （0.026）	拒绝
SC 不是 FI 的格兰杰原因	0.086 （0.917）	接受
M2 不是 SC 的格兰杰原因	4.297*** （0.015）	拒绝
SC 不是 M2 的格兰杰原因	2.160 （0.118）	接受

说明："*""**""***"分别表示 10%、5%、1% 显著水平下的临界值。

（二）对公共基础设施、房地产销售与消费的实证检验

为检验假说（2）与假说（3），我们建立公共基础设施投资、房地产销售与消费之间的关系，选择基础设施投资（INI）作为公共基础设施投资的代理变量；选择商品房销售额（ES）来代表房地产销售[①]；用社会零售销售总额作为消费的代理变量。由于基础设施投资数据只从 2004 年 2 月开始公布，我们选择 2004 年 2 月至 2017 年 12 月作为样本区间。对于缺失数据采用插值法进行处理。另外，为

---

① 在选择房地产销售数据时，考虑到中国幅员辽阔，房价涨跌并不是全国性的，其区域特征很强，将价格平均到全国范围内并不能很好地反映商品房价格的波动，因此，本书选择商品房销售额来作为实证样本。

消除异方差对所有序列采用去对数处理，并对所有序列采用 Census X12 方法去除数据中的季节因素。本书研究样本数据主要来自 wind 数据库。

我们先对数据进行平稳性检验。经过检验，变量均是 0 阶单整，同时根据 AIC、SC、LR、FPE、HQ 法则，确定模型滞后阶数为 2，同时采用 Johansen（1995）基于向量自回归模型的协整检验方法对本书的六个变量的长期稳定关系进行检验。Johansen 检验的滞后阶数为 1，检验结果表明变量之间存在 1 个长期稳定关系。于是对其进行格兰杰因果检验，并建立 SVAR（3）模型。

如表 6-2-2 所示：（1）公共基础设施（INI）与商品房销售额（ES）之间互为因果关系；（2）公共基础设施投资（INI）在 10% 的置信水平是消费（SC）的格兰杰原因，在 5% 的置信水平则不是；（3）商品房销售在 1% 的置信水平是消费的格兰杰原因。

表 6-2-2　变量平稳性检验

变量	检验形式 （C, T, K）	ADF 检验	10% 临界值	5% 临界值	1% 临界值	检验结果
INI	（C, 0, K）	-2.989**	-2.576	-2.879	-3.470	平稳
ES	（C, 0, K）	-3.285**	-2.576	-2.879	-3.470	平稳
SC	（C, 0, K）	-4.494***	-2.576	-2.878	-3.469	平稳

说明：检验形式（C, T, K）分别表示单位根检验方程包括常数项、时间趋势和滞后项的阶数，滞后阶数根据 AIC（Akaike Info Criterion）、SIC（Schwarz Info Criterion）准则自动确定最优滞后阶数。"*""**""***"分别表示 10%、5%、1% 显著水平下的临界值。

表 6-2-3　格兰杰因果关系

原假设	F 统计量值	拒绝/接受原假设
INI 不是 ES 的格兰杰原因	3.380** （0.036）	拒绝
ES 不是 INI 的格兰杰原因	2.890* （0.058）	拒绝
SC 不是 INI 的格兰杰原因	0.389 （0.568）	接受
INI 不是 SC 的格兰杰原因	2.708* （0.069）	接受

续表

原假设	F 统计量值	拒绝/接受原假设
ES 不是 SC 的格兰杰原因	4.861*** （0.0089）	拒绝
SC 不是 ES 的格兰杰原因	0.368 （0.692）	接受

如图 6-2-2 所示：（1）公共基础设施的一个正向冲击会使得商品房销售出现正向反应，从第 1 期开始上涨到第 5 期前后达到平稳，这支持了我们的结论：公共基础设施投资对房地产销售具有促进作用。（2）消费（SC）对于房地产销售（ES）的正向冲击在前 4 期为负，从第 5 期开始由负转为正，其曲线与 SC 对 FI 冲击反应曲线较为类似。说明房地产销售额增加短期内使得消费减少，而长期看使得消费增长。对于企业和居民来说，房地产投资在短期内表现为替代效应，长期看表现为财富效应。

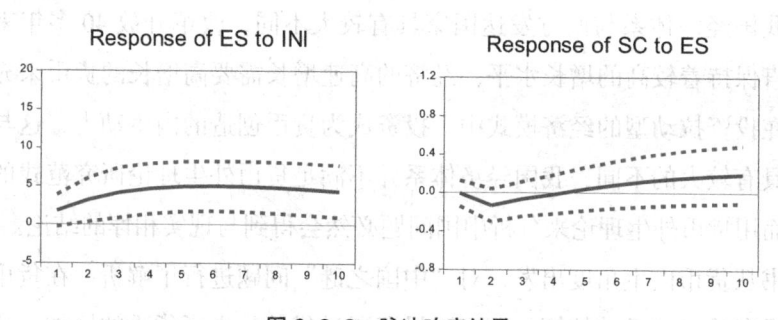

图 6-2-2 脉冲响应结果

综上所述，本小节对投资"挤出"消费的机制进行了验证，实证结果表明：公共基础设施投资对房地产销售有显著的促进作用，而房地产销售对消费在短期内表现为替代效应，长期看表现为财富效应。在产能过剩的背景下，投资对需求的拉动作用短期内被过剩的产能所抵消，长期看逐渐表现出正向效应。投资和消费不同的长短期效应共同造成了价格在长短期内的不同变化。

在内生货币理论中，投资是经济内生的第一要素，投资带来货币存量的增加，带动了消费和储蓄，投资的通货膨胀效应反映了内生货币环境中 M2 与通货膨胀的关系。

第三节 基于货币内生视角的"中国之谜"解析

一直以来，我国M2与通货膨胀"背离"的关系被称为"中国之谜"，"中国之谜"的出现源于货币外生理论对于货币存量与通货膨胀之间关系的认知，货币外生理论认为，货币发行由中央银行自由控制，超额发行的货币最终会反映在价格上，因此货币增长与价格之间应具有一致的正向关系。

货币外生理论一直是西方经济学的主流，这是由西方发达国家经济制度和特点决定的。周期性的经济（金融）危机一直是资本主义经济体系无法解决的问题，伴随着经济危机的频发，古典经济学理论范式难以解释经济危机的发生以及解决途径，从而对于经济危机相关问题的研究成为西方经济学领域的热点话题。在危机中，"高货币增长"与"高通胀"并存的现象推动学者们走向货币外生论的领域。

而我国经济体系与西方发达国家具有较大不同，改革开放40多年来，我国经济一直保持着较高的增长水平，经济的高速增长需要高增长的货币来充当交易媒介，在投资拉动型的经济模式中，投资成为货币创造的内生动力，这与西方发达国家具有较大的不同，我国经济体系并不满足货币外生理论研究范式的前提假设，因而用货币外生理论来分析中国问题必然会得到与现实相悖的结论。

本书从货币内生角度出发，对"中国之谜"问题进行了解析。在货币内生理论中，投资是经济活动的第一要素，投资通过贷款带来了货币的增加，从而带动了消费和储蓄，影响着供给和需求，因此通货膨胀的水平主要取决于投资，在一个理想经济中，投资增长会导致通货膨胀的上升，同时带来货币存量的增加。

但是在我国特殊的经济背景下，投资与通货膨胀的关系发生了一些变化：（1）房地产投资已经日益成为企业和居民经济生活的重心，影响着居民和企业的投资和消费行为，在投资拉动型的经济模式中，公共基础设施投资使得城市资源不断完善，优势资源的聚集带动了人口的聚集，从而推动了房地产价格的持续上涨。一方面，对于房价持续上涨的预期使得房地产成为一种优质的投资品。另一方面对于将购置房产作为刚性需求的一部分人来说，持续上涨的房价，意味着为购置房产需要花费更多的财富。在总收入一定的情况下，将房地产作为投资品的一部分人会增加投资倾向,减少消费倾向;将房地产作为刚需品的一部分人只能减少当前消费用于增强未来的消费能力。因此房地产价格上涨对消费具有"挤出"效应。(2)在理想的经济体系中,投资会同时拉动需求和供给达到新的均衡,但是现实并不总是理想的,投资的结果还可能是产能过剩。目前,产能过剩已经成为我国经济最为显著的问题之一,产能过剩意味着经济中的需求需要首先化解掉过剩的产能才能达到新的均衡。在产能过剩的背景下,投资增加在短期内对需求的拉动作用在很大程度上会被过剩的产能所抵消,在中长期才能逐渐显示出其拉动效果。

从支出角度来看,企业和居民的支出可分为投资和消费两部分。根据本书实证分析结果,房地产销售短期内表现为替代效应,长期表现为财富效应,投资与消费的长短期效应,共同造成了投资的短期通货紧缩和长期通货膨胀效应,也就是说,投资增加时,同时M2增加,在短期内CPI将会下降,在长期CPI会上升。M2与CPI在短期内的"背离"原因实际上是投资的短期通货紧缩效应所致。

值得注意的是,本书实证分析结果显示,FI(固定资产投资)对CPI(通货膨胀)的短期通货紧缩效应持续时间为6个月,这与一些学者认为M2对CPI具有2个季度滞后效应的时长一致,但是"货币政策的滞后性"本身意味着M2与CPI之间具有正相关性,并且高货币增长会造成高通胀,但这两点均与现实相悖。本书认为从货币内生角度出发能够更好地解释我国M2与通货膨胀之间的关系(图6-3-1)。

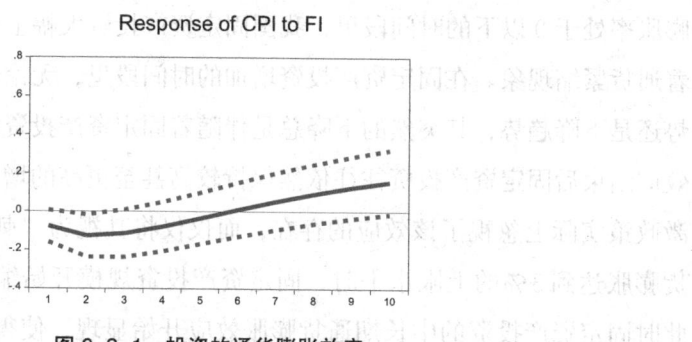

图 6-3-1 投资的通货膨胀效应

第四节 "过度刺激"的形成机制分析

本书实证结果表明，我国固定资产投资在较长期（6个月以上）内会拉动经济需求，推动价格上涨；短期（6个月内）内表现为通货紧缩效应，这与传统理论中对固定资产投资的通货膨胀效应的认识不同，传统理论认为，固定资产投资增加会从供给和需求两方面对通货膨胀造成影响，短期内拉动需求上升，从而价格上升；由于从投资到产出需要一个较长的阶段，所以在产期内由于供给的上升会导致价格下降。本书研究结果表明，我国固定资产投资增加在短期内会造成通货紧缩效应，其原因是房地产价格上涨导致居民和企业投资倾向上升，从而"挤出"了消费，使得短期内居民和企业消费迅速下降。

我国固定资产投资的短期通货紧缩效应关系到财政政策的刺激效果，扩张性的财政政策主要以公共基础设施投资为主，其具体表现形式为固定资产投资的增加，传统理论认为固定资产投资增加将直接拉动通货膨胀，财政支出与通货膨胀具有正向关系，但是根据本书研究结果，固定资产投资增加短期内会导致一定的通货紧缩，在经济出现下行风险的阶段，大规模的财政刺激计划往往是拉动经济最直接有效的方法，但大规模的财政刺激会导致短期通货紧缩，由于与传统理论的差异，这样的紧缩有可能被误读为"刺激不足"，从而导致更大规模的过度刺激计划。如图6-4-1所示，显示了传统财政刺激传统路径和过度刺激的形成机制。

自2000年以来，我国CPI有两次时间段低于0%（即出现大幅通货紧缩现象），分别为2001年9月至2002年12月、2009年2月至2009年10月。在通货膨胀率处于0以下的时间段里，我国固定资产投资大幅上升，并且总是同时伴随着通货紧缩现象。在固定资产投资增加的时间段里，无论通货膨胀率处于上升趋势还是下降趋势，其突然的下降总是伴随着固定资产投资的大规模增加。而在该效应结束后固定资产投资往往依然保持较高甚至更高的增长率，说明我国财政刺激政策实际上忽视了该效应的存在，而仅仅将其视为"刺激不足"，虽然随后通货膨胀达到3%的上限水平时，固定资产投资规模开始缩小，但显然为时已晚，此时固定资产投资的中长期通货膨胀效应开始显现，使得通货膨胀率继续上升，严重超过货币政策目标的合理上限。该现象背后的原因，实际上是由于我国固资产投资的短期通货紧缩效应使得大规模的固定资产投资以及通货膨胀率短期出现大幅下降，而这一通货紧缩过程被误认为"刺激不足"，从而引发进一步的大规模刺激，最终导致过度刺激。

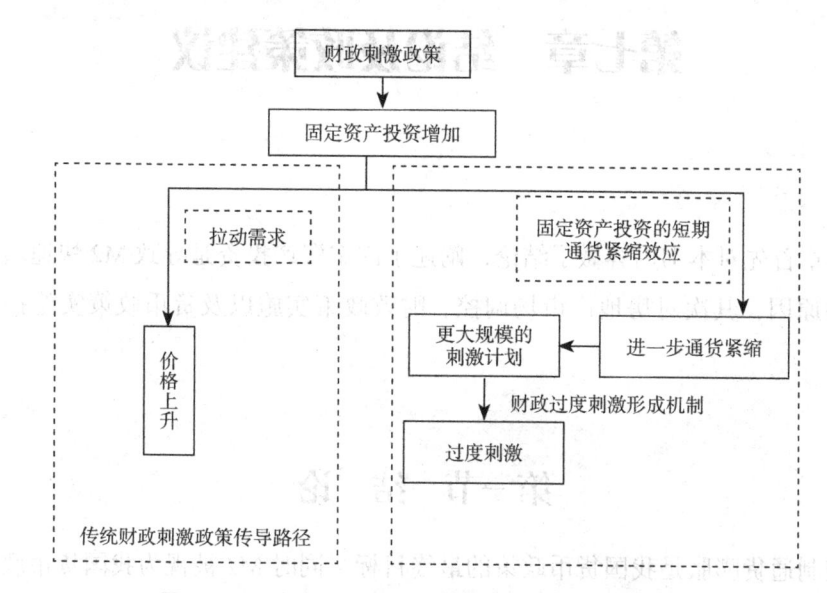

图 6-4-1　传统财政刺激传导路径和过度刺激形成机制

第七章 结论及政策建议

本章首先对本书内容做了结论，阐述了固定资产投资是导致 M2 快速增长的最重要原因，其次对房地产市场调控、财政政策实施以及货币政策实施提供了建议。

第一节 结　论

控制通货膨胀是我国货币政策的最终目标，同时 M2 被视为我国货币政策的中介目标，但一直以来我国 M2 与通货膨胀之间长期保持着"背离"关系。对于货币存量与通货膨胀之间的关系，货币外生理论与货币内生理论一直存在较大争议，受凯恩斯货币理论以及西方以货币政策为主的经济体系的影响，货币外生论一直是西方经济学研究的主流。然而从货币外生视角来看待中国经济时却陷入难以解释货币供应与通货膨胀关系的"中国之谜"的困境。

首先，本书从货币外生论应用角度出发，分析了货币外生论在应用中的一些瑕疵。在基于货币数量方程，从货币外生论角度进行研究时，我们往往将 GDP 作为 Y（产出）的代理变量，而实际上 Y 所代表的是剔除价格水平后，从经济活动中所抽象出来的一般等量单位的产出数量。因此 GDP 应该代表 PY，而非 Y。在西方发达国家，Y' 较小，M' 主要反映在 P' 上，因此该瑕疵对于货币外生论的研究结论影响并不显著，但若将其运用到 Y' 较大的经济体（例如中国）中时，该瑕疵所造成的影响就会逐步放大，导致结果出现偏误。

其次，本书梳理了我国货币政策历史沿革，对我国货币政策目标、工具的变化进行研究，认为与西方发达国家不同的是，我国货币政策工具实施过程中存在一定的局限性；M2 虽然被视为货币政策的中介目标，但实际上央行难以控制 M2，也没有表现出想要控制 M2 的意图。之后本书对比分析了发达国家在将货币存量作为中介目标期间 M2 与 CPI 的关系，发现以美国、日本为代表的发达国家在同一时期内，M2 与 CPI 同样出现了"背离"现象，但其原因主要是由于股票市场的发展，这与中国资本市场不发达的现状不符，并且在一定程度上也与货币外生论所得出 M 与 P 正相关关系的结论相矛盾。总的来说，本书认为我国现实情况与货币外生论认为"货币发行有央行自由地控制""短期内产出和货币流通速度不变"的假设不符。货币外生论不适合用于解释过去几十年中我国货币存量与通货膨胀的关系。照搬货币外生理论只会陷入难以解释的"中国之谜"困境。

本书认为在高速发展的中国，货币需求是内生的，由此从货币内生角度建立了货币内生需求函数，并给予该需求方程对我国 M2 与 CPI 关系进行了实证研究，研究结果显示如下。

（1）固定资产投资是导致 M2 快速增长的最重要原因

公共基础设施投资和房地产市场在中国经济发展过程中起到了重要的拉动作用，其分别以财政支出和信贷的形式促进了 M2 的迅速扩张。自改革开放以来，经过各方面的探讨和历史发展经验总结，形成了以投资拉动为主的发展模式，其中，公共基础设施投资与房地产投资是拉动投资的主要动力。这样的发展方式一开始就决定了我国信用创造的货币存量主要是以投资为导向而不是以消费为导向，并且是以实体资产投资为主而非虚拟资产投资为主。分别以地方政府融资平台与住房贷款为支撑的公共基础设施投资与房地产投资的迅速发展成为我国货币存量高速增长的最重要原因。

（2）M2 与 CPI 的"背离"关系不仅仅由于货币政策的滞后效应，更多的是由于投资对消费产生了"挤出"效应

一直以来对于货币供应的通货膨胀效应，一般常用货币供应的滞后效应对其进行解释，这在大多数经济体中是较为适用的，超量发行的货币最终会体现在价格水平上，然而对于中国这样一个特殊的经济体，在过去 10 多年中，一直由投资拉动并保持了超高速发展。固定资产投资所导致的货币存量高速增长其实是一种货币化的过程。在这个过程中存在一部分的货币发行会最终作用于价格水平之上，也就是货币存量增加的滞后效应。然而本书通过实证检验发现，M2 与通货

膨胀之间的关系，更加重要的是由于资产价格的迅速增长和对于投资回报的预期，使得居民和企业将财富主要用于购买资产或是进行投资的倾向对消费倾向产生了"挤出"效应，使得M2与通货膨胀发生背离。这就解释了为何，2008年国务院出台"四万亿"计划期间，M2与通货膨胀发生了最大幅度的背离现象，而该现象是用滞后效应难以解释的。

（3）我国货币供应更多地表现为内生而非外生

中国经济以投资拉动的高速增长过程既不是以消费信贷扩张为主要表现形式，也不是以资本市场为主要流向，而是以地方政府融资平台贷款和住房贷款为主的信贷扩张为主推力。在此过程中，货币存量的增加没有最终导致价格水平大幅增加，反而还对价格水平起到一定的抑制作用，说明我国货币供应过程更多是内生的而非外生。

（4）我国固定资产投资短期内表现为通货紧缩效应

实证结果表明，我国固定资产投资在较长期（6个月以上）内会拉动经济需求，推动价格上涨；短期（6个月内）内表现为通货紧缩效应，这与传统理论中对固定资产投资的通货膨胀效应的认识不同。传统理论认为，固定资产投资增加会从供给和需求两方面对通货膨胀造成影响，短期内拉动需求上升，从而价格上升；由于从投资到产出需要一个较长的时期，所以在产期内由于供给的上升会导致价格下降。本书研究结果表明，我国固定资产投资增加在短期内会造成通货紧缩效应，其原因是房地产价格上涨导致居民和企业投资倾向上升，从而"挤出"了消费，使得短期内居民和企业消费迅速下降。

我国固定资产投资的短期通货紧缩效应关系到财政政策的刺激效果，扩张性的财政政策主要以公共基础设施投资为主，其具体表现形式为固定资产投资的增加，传统理论认为固定资产投资增加将直接拉动通货膨胀，财政支出与通货膨胀具有正向关系。但是根据本书研究结果，固定资产投资增加短期内会导致一定的通货紧缩，在经济出现下行风险的阶段，大规模的财政刺激计划往往是拉动经济最直接有效的方法，但大规模的财政刺激会导致短期通货紧缩，由于与传统理论存在差异，这样的紧缩有可能被误读为"刺激不足"，从而实施更大规模的过度刺激计划。

第二节 政策建议

本书基于我国经济事实研究对经济政策提出了若干政策建议，总结如下。

一、对房地产市场调控的政策建议

本书研究结论显示，我国货币存量对通货膨胀的影响不只是滞后效应，更应该看到固定资产投资对消费造成的"挤出"效应。这主要源于在我国资产价格上升的过程中，居民和企业对于投资的未来收入预期抑制了消费，资产市场起到"货币蓄水池"的作用。那么从中长期来看，调控房地产市场不宜使得房价出现大幅下跌，资产价格下降可能降低居民和企业对于资产的未来收益的预期，导致大量资金流入消费市场，造成通货膨胀。保持资产价格平稳地缓慢上升或许是实现房地产市场调控并合理控制通胀的有效手段。

二、对财政政策实施的政策建议

本书研究认为，与传统理论不同的是我国固定资产投资存在短期通货紧缩效应，而对于该效应的忽视可能是造成财政过度刺激的重要原因。固定资产投资是我国拉动经济增长的主要方式，而监测刺激经济效果的主要指标是通货膨胀，当经济出现通货紧缩时，我们往往出台大规模的财政刺激政策，例如2008年的"四万亿"计划，短期内大规模的固定资产投资可能导致进一步的通货紧缩，在实际操作中，对通货紧缩的担忧可能加速财政过度刺激的形成。

针对以上结论，本书对我国财政政策实施给出以下政策建议。

（1）应重视固定资产投资的短期通货紧缩效应，避免由于对经济指标的错误解读而引发过度刺激。

（2）在实施财政政策的过程中应该采用更加平滑的刺激方式，避免大规模的财政刺激短期内造成严重通货紧缩。

三、对货币政策实施的政策建议

本书认为我国货币存量高速增长之所以没有引起高通胀的原因是我国货币发

行过程更多偏向于内生性质，这与我国货币政策始终保持稳健的政策导向有着密不可分的关系。西方国家之所以屡次出现恶性通货膨胀，是因为货币政策被当作为救助市场的最后工具过度使用。著名西方经济学家弗里德曼有名言，一切通货膨胀都是货币现象，恶性通胀的背后一定是超发的货币，货币的超发源于其作为经济的最后刺激手段而不得不超发，其问题本质在于西方资本主义制度难以解决的分配问题，必然导致贫富差距的扩大，最终经济出现问题抑或是崩溃时依靠货币政策兜底，这很容易出现由于货币超发带来高通胀。改革开放40多年的经验已表明，中国特色社会主义制度比西方资本主义制度更有利于解决经济发展过程中的分配问题，更加有利于促进经济稳定发展。在西方资本主义制度中，贫富差距扩大是因，以货币超发来解决经济问题是果；而在中国经济的发展中，稳健的货币政策是因，经济的稳定发展是果。

基于此，本书对货币政策提出以下政策建议。

（1）在世界经济体系不断深入融合的背景下，我们在向西方国家学习的过程中要分清不同制度下货币政策的导向问题，谁是因谁是果，这是推动中国经济长期稳定的重要方面。

（2）坚持稳健的货币政策，注重货币增长的内生性质，以货币政策为因推动经济稳定，促进中国特色社会主义制度在分配上的优势的发挥，例如推动乡村振兴，促进中小企业发展等。

参考文献

[1]Aksoy Y., Piskorski T.U.S.domestic money,inflation and output[J].Social Science Electronic Publishing,2001,53（2）:183-197.

[2]Alchian A A,Klein B.On a Correct Measure of Inflation[J].Journal of Money Credit&Banking,1973,5（1）:173-191.

[3]Allen F., Gale D.Financial Contagion[J].Journal of Political Economy,2000,108（1）:1-33.

[4]Amisano G., Fagan G.Money growth and inflation:A regime switching approach[J].Journal of International Money&Finance,2013,33（1207）:118-145.

[5]Bai J.Estimation of a Change Point in Multiple Regression Models[J].Review of Economics&Statistics,1997,79（4）:551-563.

[6]Baks K., Kramer C.Global Liquidity and Asset Prices:Measurement,Implications,and Spillovers[J].Imf Working Papers,2017,99（168）.

[7]Barbara Roffia,Andrea Zaghini.Excess Money Growth and Inflation Dynamics[J].International Finance,2007,10（3）:241-280.

[8]Barnett W. A.Economic Monetary Aggregates:An Application of Index Number and Aggregation Theory[J].Journal of Econometrics,1980,14（1）:11-48.

[9]Belke,Ansgar Hubertus,Orth,Walter,Setzer,Ralph.Global Liquidity and House Prices:A VAR Analysis for OECD Countries[J].Social Science Electronic Publishing,2008（37）.

[10]Benjamin M.Friedman,Kenneth N.Kuttner.Money,Income,Prices,and Interest Rates[J].American Economic Review,1992,82（3）:472-492.

[11]Berger H., Nitsch V.Zooming out:The trade effect of the euro in historical

perspective[J].Discussion Papers,2008,27（8）:1244-1260.

[12]Bernanke B. S.A Century of US Central Banking:Goals,Frameworks,Accountability[J].Journal of Economic Perspectives,2013,27（4）:3-16.

[13]Bernanke B. S.The Federal Reserve and the Financial Crisis:[M].Princeton University Press,2013.

[14]Binner J. M., Tino P,Tepper J,et al.Does money matter in inflation forecasting?[J]. Physica A Statistical Mechanics&Its Applications,2009,389（21）:4793-4808.

[15]Borio C. E. V.Monetary and Prudential Policies at a Crossroads?New Challenges in the New Century[J].Ssrn Electronic Journal,2006,224（216）:págs.63-104.

[16]Boschen J. F., Mills L O.Tests of long-run neutrality using permanent monetary and real shocks[J].Journal of Monetary Economics,1995,35（1）:25-44.

[17]Bruce E. Hansen.Inference When a Nuisance Parameter Is Not Identified Under the Null Hypothesis[J].Econometrica,1996,64（2）:413-430.

[18]Burger A. E.The money supply process[M].Belmont,California：Wadsworth Publishing Company,1971.

[19]Charles Freeman.The Use of Indicators and of the Monetary Conditions Index in Canada[J].T.j.t.balino&C.cottarelli Frameworks for Monetary Stability Chapter International Monetary Fund,1996.

[20]Chen S.Currency Manipulation Policy in Emerging Foreign Exchange Markets[J]. Ssrn Electronic Journal,2012.

[21]Chow G. C.Tests of Equality Between Sets of Coefficients in Two Linear Regressions[J].Econometrica,1960,28（3）:591-605.

[22]Cogley T., Sargent T. J., Sims C. A., et al.Evolving post-world war IIUS inflation dynamics[C]//Macroeconomics Conference.2002:331.

[23]Cogley T., Sargent T. J.Drifts and volatilities:monetary policies and outcomes in the post WWII US[J].Review of Economic Dynamics,2005,8（2）:262-302.

[24]Dan Ben-David,Robin L.Lumsdaine,David H.Papell.Unit roots,postwar slowdowns and long-run growth:Evidence from two structural breaks[J].Empirical Economics,1996,28（2）:303-319.

[25]David U., Ann T. N.Causality Dynamics between Money Supply and Inflation in Nigeria:AToda-Yamamoto Test and Error Correction Analysis[J].Journal of Empirical Economics,2017,3.

[26]Diermeier M., Goecke H.Money supply and inflation in Europe:Is there still a connection?[J].Iw Policy Papers,2016.

[27]Ekomie J. J. T.A Multivariate Long-Run Money Neutrality Investigation:Empirical Evidence for CAMEU[J].Modern Economy,2013,4（5）:384-390.

[28]Fontana G., Setterfield M.A Simple（and Teachable）Macroeconomic Model with Endogenous Money[M].Macroeconomic Theory and Macroeconomic Pedagogy. Palgrave Macmillan UK,2009.

[29]Friedman B. M.Has the Financial Crisis Permanently Changed the Practice of Monetary Policy?Has It Changed the Theory of Monetary Policy?[J].Manchester School,2015,83（S1）:5-19.

[30]Friedman M.Money and the Stock Market[J].Journal of Political Economy,1988,96（2）:221-245.

[31]Goldfeld S. M,Fand D. I., Brainard W. C.The Case of the Missing Money[J]. Brookings Papers on Economic Activity,1976,1976（3）:683-739.

[32]Gregory A. W., Hansen B. E.Practitioners Corner:Tests for Cointegration in Models with Regime and Trend Shifts[J].Oxford Bulletin of Economics&Statistics,2010,58（3）:555-560.

[33]Gregory A. W., Hansen B. E.Residual-based tests for cointegration in models with regime shifts[J].Working Papers,1996,70（1）:99-126.

[34]Hansen B. E.Sample Splitting and Threshold Estimation[J].Econometrica,2010,68（3）:575-603.

[35]Hung H., Thompson D.Money Supply,Class Power,and Inflation:Monetarism Reassessed[J].American Sociological Review,2016,81（3）.

[36]Ireland M. T. B. P. N.Interest Rates and Money in the Measurement of Monetary Policy[J].Journal of Business&Economic Statistics,2015,33（2）:255-269.

[37]James Bullard.Testing Long-Run Monetary Neutrality Propositions:Lessons from

Recent Research[J].Federal Reserve Bank of St.Louis Review,1999,81(Nov):57-77.

[38]Joyce M., Miles D., Scott A,et al.Quantitative Easing and Unconventional Monetary Policy–an Introduction*[J].Economic Journal,2012,122(564):F271-F288.

[39]Jr R. E. L.Two Illustrations of the Quantity Theory of Money[J].American Economic Review,1980,70(5):1005-1014.

[40]Jushan Bai,Pierre Perron.Computation and Analysis of Multiple Structural Change Models[J].Journal of Applied Econometrics,2003,18(1):1-22.

[41]Kai C.Stock Market Downswing and the Stability of European Monetary Union Moneyd Demand[J].Journal of Business&Economic Statistics,2006,24(4):395-402.

[42]Kaplan F., Gungor S.The Relationship Between Money Supply,Interest Rate and Inflation Rate:an Endogeneity-Exogeneity Approach[J].European Journal of Scientific Research,2017,13(1):1857-7881.

[43]Kejriwal M., Zhou J.Wald Tests for Detecting Multiple Structural Changes in Persistence[J].Econometric Theory,2013,29(2):289-323.

[44]Kejriwal,Mohitosh,Perron,Pierre.Testing for Multiple Structural Changes in Cointegrated Regression Models[J].Journal of Business&Economic Statistics,2010,28(4):503-522.

[45]King R. G., Watson M. W.Testing Long Run Neutrality[J].Working Paper,1992,8(June):4156.

[46]Kormendi R. C., Meguire P. G.Cross-Regime Evidence of Macroeconomic Rationality[J].Journal of Political Economy,1984,92(5):875-908.

[47]Koti S., Bixho T., Koti S,et al.Theories of Money Supply:The Relationship of Money Supply in a Period of Time T-1 and Inflation in Period T-Empirical Evidence from Albania[J].Ejms European Journal of Multidisciplinary Studies Articles,2016,1(1):294.

[48]Lance J.Bachmeier,Norman R.Swanson.Predicting Inflation:Does the Quantity Theory Help?[J].Economic Inquiry,2010,43(3):570-585.

[49]Lavoie M.Endogenous money:Accommodationist[J].A Handbook of Alternative Monetary Economics,2007.

[50]Lavoie M.The Endogenous Flow of Credit and the Post Keynesian Theory of Money[J].Journal of Economic Issues,1984,18（3）:771-797.

[51]Lu X., Guo K., Dong Z., et al.Financial development and relationship evolvement among money supply,economic growth and inflation:a comparative study from the U.S.and China[J].Applied Economics,2017,49（10）:1-14.

[52]Lumsdaine R. L., Papell D. H.Multiple Trend Breaks and the Unit-Root Hypothesis[J].Review of Economics&Statistics,1997,79（2）:212-218.

[53]Maddala G. S., Kim I M.Unit Roots,Cointegration,and Structural Change[M]. Cambridge University Press,1998.

[54]Mankiw,Gregory N.Macroeconomics 5th ed[M].2012, 96.

[55]Maveyraud S., Baunto A. L., Bordes C., et al.Money Growth and Velocity with Structural Breaks:Evidence from the Philippines[J].Université Paris1 Panthéon-Sorbonne（Post-Print and Working Papers）, 2013,18.

[56]Meiselman D.Money-Wage Dynamics and Labor-Market Equilibrium and The Trade-Off between Inflation and Unemployment:Comment[J].Journal of Political Economy,1968,76（4）:743-750.

[57]Michael F.Bryan,Stephen G.Cecchetti,Roisin O'Sullivan.Asset Prices in the Measurement of Inflation[J].De Economist,2001,149（4）:405-431.

[58]Mihov I.'Deflation and monetary contraction in the Great Depression:An analysis by simple ratios'[C].Ben S Bernanke,Essays on the Great Depression,Princeton.2000.

[59]P.Ciocca.Determinants and effects of changes in the stock of money,1875-1960[J]. Nber Books,2009,129（2）:300.

[60]Papell D. H., Prodan R.Restricted Structural Change and the Unit Root Hypothesis[J].Economic Inquiry,2010,45（4）:834-853.

[61]Perron P,Yamamoto Y.Using OLS to Estimate and Test for Structural Changes in Models with Endogenous Regressors[J].Journal of Applied Econometrics,2015,30

(1):119-144.

[62]Perron P.Further Evidence on Breaking Trend Functions in Macroeconomic Variables[C].Centre interuniversitaire de recherche en économie quantitative,CIREQ,1994.

[63]Podolski T. M.Financial innovation and the money supply[M]//Southern Economic Journal.1987.

[64]Qu. Z.,Perron P.Estimating and Testing Structural Changes in Multivariate Regressions[J].Econometrica,2007,75(2):459-502.

[65]Richard E.Quandt.Tests of the Hypothesis That a Linear Regression System Obeys Two Separate Regimes[J].Publications of the American Statistical Association,1960,55(290):324-330.

[66]Rua A.Money Growth and Inflation in the Euro Area:ATime-Frequency View[J]. Oxford Bulletin of Economics&Statistics,2012,74(6):875-885.

[67]Sajid G. M., Riaz B.Budget Deficit,Money Supply and Inflation:Testing for Causality[J].Pakistan Journal of Applied Economics,2017,18.

[68]Sargent T. J., Surico P.Two Illustrations of the Quantity Theory of Money:Breakdowns and Revivals[J].American Economic Review,2011,101(1):109-128.

[69]Stock, J. H., M. W. Watson.Vector autoregressions[J].The Journal of Economic Perspectives, 2001, 15(4):101-115.

[70]Swanson E. T., Williams J. C.Measuring the Effect of the Zero Lower Bound on Medium-and Longer-Term Interest Rates[J].Working Paper,2012,104(104).

[71]Waingade R. A.Money Supply and Inflation:A Historical Analysis[J].Social Science Electronic Publishing,2011,ix(1):22-45.

[72]Weber W. E.Some Monetary Facts[J].Quarterly Review,1995(September):2-11.

[73]Williams J. C.Unconventional monetary policy:Lessons from the Past Three Years[J].Frbsf Economic Letter,2011(9).

[74]Woodford M.Monetary Policy Targets after the Crisis[J].Michael Woodford,2013:55-62.

[75]Duarte M，Wolman L A.Fiscal policy and regional inflation in a currency union[J].Journal of International Economics，2007，74（2）：384-401.

[76]Freitas D L M.The dynamics of inflation and currency substitution in a small open economy[J].Journal of International Money and Finance，2003，23（1）：133-142.

[77]巴曙松.中国货币政策有效性的经济学分析[M].北京：经济科学出版社，2000.

[78]陈野华.西方货币金融学说的新发展[M].成都：西南财经大学出版社，2001.

[79]杜金富.货币与金融统计学[M].北京：中国金融出版社，2006.

[80]杜亚斌.货币、银行业与货币政策（第2版）[M].南京：南京大学出版社，2013.

[81]弗里德曼.美国和英国的货币趋势[M].北京：中国金融出版社，1991.

[82]马克思.资本论（第1卷）[M].北京：人民出版社，2004.

[83]米尔顿·弗里德曼，安娜·J.施瓦茨.美国货币史：1867—1960[M].北京：北京大学出版社，2009.

[84]米什金.货币金融学[M].北京：中国人民大学出版，2013.

[85]易纲，吴有昌.货币银行学[M].上海：格致出版社，2014.

[86]张杰.中国金融制度的结构与变迁[M].北京：中国人民大学出版社，2011.

[87]中国人民银行货币政策分析小组.中国货币政策执行报告第二季度[M].北京：中国金融出版社，2015.

[88]卞志村，胡恒强.中国货币政策工具的选择：数量型还是价格型？——基于DSGE模型的分析[J].国际金融研究，2015（06）：12-20.

[89]曾勤，甄瑞英.货币渠道、信用渠道与货币政策有效性[J].江苏商论，2008（30）：85-85.

[90]陈浪南，田磊.基于政策工具视角的我国货币政策冲击效应研究[J].经济学（季刊），2015，14（01）：285-304.

[91]陈彦斌，郭豫媚，陈伟泽.2008年金融危机后中国货币数量论失效研究[J].经济研究，2015，50（04）：21-35.

[92] 陈彦斌,邱哲圣,李方星.宏观经济学新发展:Bewley 模型[J].经济研究,2010(7):141-151.

[93] 樊明太.金融结构及其对货币传导机制的影响[J].经济研究,2004(7):27-37.

[94] 范从来,杜晴.产业结构影响 M2/GDP 比值的实证研究[J].中国经济问题,2015,(02):3-12.

[95] 范从来.论货币政策中间目标的选择[J].金融研究,2004,(06):123-129.

[96] 方意.货币政策与房地产价格冲击下的银行风险承担分析[J].世界经济,2015,38(07):73-98.

[97] 高铁梅,王金明.我国货币政策传导机制的动态分析[J].金融研究,2001(3):50-58.

[98] 耿强,江飞涛,傅坦.政策性补贴、产能过剩与中国的经济波动——引入产能利用率 RBC 模型的实证检验[J].中国工业经济,2011(5):27-36.

[99] 龚六堂,邹恒甫.财政政策与价格水平的决定[J].经济研究,2002(2):10-16.

[100] 顾海峰,张元姣.货币政策与房地产价格调控:理论与中国经验[J].经济研究,2014,49(S1):29-43.

[101] 郭长林.被遗忘的总供给:财政政策扩张一定会导致通货膨胀吗?[J].经济研究,2016(2):30-41.

[102] 何国华,彭意.美、日货币政策对中国产出的溢出效应研究[J].国际金融研究,2014(02):19-28.

[103] 黄昌利,任若恩.中国的 M2/GDP 水平与趋势的国际比较、影响因素:1978—2002[J].中国软科学,2004,(02):61-65+60.

[104] 贾俊雪,秦聪,张静.财政政策、货币政策与资产价格稳定[J].世界经济,2014,37(12):3-26.

[105] 江飞涛,耿强,吕大国,等.地区竞争、体制扭曲与产能过剩的形成机理[J].中国工业经济,2012(6):44-56.

[106] 江曙霞,江日初,吉鹏.麦克勒姆规则及其中国货币政策检验[J].金融研究,2008(5):35-47.

[107] 李永友，丛树海. 居民消费与中国财政政策的有效性: 基于居民最优消费决策行为的经验分析 [J]. 世界经济, 2006 (5): 54-64.

[108] 刘斌. 我国货币存量与产出、物价间相互关系的实证研究 [J]. 金融研究, 2002, (07): 10-17.

[109] 刘明志. 货币存量和利率作为货币政策中介目标的适用性 [J]. 金融研究, 2006 (1): 51-63.

[110] 刘明志. 中国的 M2/GDP (1980—2000): 趋势、水平和影响因素 [J]. 经济研究, 2001, (02): 3-12+93.

[111] 马亚明，刘翠. 房地产价格波动与我国货币政策工具规则的选择——基于 DSGE 模型的模拟分析 [J]. 国际金融研究, 2014 (08): 24-34.

[112] 欧阳志刚，史焕平. 中国经济增长与通胀的随机冲击效应 [J]. 经济研究, 2010 (7): 68-78.

[113] 乔海曙，王军华. 投资与通货膨胀关系的实证检验 [J]. 统计与决策, 2006 (20): 89-91.

[114] 秦朵. 改革以来的货币需求关系 [J]. 经济研究, 1997 (10): 16-25.

[115] 帅勇. 资本存量货币化对货币需求的影响 [J]. 中国经济问题, 2002 (03): 30-35.

[116] 宋秉芳. 中国通货膨胀的因果关系验证: 通货膨胀的推动因素以及通胀对就业和经济效益的影响 [J]. 开发研究, 1996 (05): 11-13.

[117] 谭政勋，王聪. 房价波动、货币政策立场识别及其反应研究 [J]. 经济研究, 2015, 50 (01): 67-83.

[118] 汪川. "新常态"下我国货币政策转型的理论及政策分析 [J]. 经济学家, 2015 (05): 35-42.

[119] 王爱俭，王璟怡. 宏观审慎政策效应及其与货币政策关系研究 [J]. 经济研究, 2014, 49 (04): 17-31.

[120] 王国刚. "货币超发说"缺乏科学根据 [J]. 经济学动态, 2011 (07): 54-60.

[121] 王君斌，郭新强，王宇. 中国货币政策的工具选取、宏观效应与规则设计 [J]. 金融研究, 2013 (08): 1-15.

[122] 王文甫，朱保华. 政府支出的外部性和中国政府支出的宏观效应: 动态随

机一般均衡视角 [J]. 经济科学, 2010（2）: 17-28.

[123] 王勇, 范从来. 产业结构与货币需求的政治经济学分析——基于中美 M2/GDP 差异的研究 [J]. 马克思主义研究, 2014,（11）: 42-49.

[124] 吴振宇, 沈利生. 中国对外贸易对 GDP 贡献的经验分析 [J]. 世界经济, 2004,（02）: 13-20.

[125] 伍超明. 货币流通速度的再认识——对中国 1993-2003 年虚拟经济与实体经济关系的分析 [J]. 经济研究, 2004（9）: 36-47.

[126] 伍戈, 刘琨. 探寻中国货币政策的规则体系: 多目标与多工具 [J]. 国际金融研究, 2015（01）: 15-24.

[127] 伍志文. "中国之谜"——文献综述和一个假说 [J]. 经济学（季刊）, 2003（04）: 39-70.

[128] 谢平. 中国货币政策分析: 1998-2002[J]. 金融研究, 2004（8）: 1-20.

[129] 谢平. 中国转型经济中的通货膨胀和货币控制 [J]. 金融研究, 1994（10）: 12-15.

[130] 徐源浩, 杜亚斌, 张润驰, 等. 中国超大规模的 M2 为什么没有引发高通胀——基于内生视角的中国之谜剖析 [J]. 经济学家, 2018, 10（4）: 54-62.

[131] 杨子晖. 政府消费与居民消费: 期内替代与跨期替代 [J]. 世界经济, 2006（8）: 37-46.

[132] 易纲. 中国金融资产结构分析及政策含义 [J]. 经济研究, 1996（12）: 26-33.

[133] 易宪容. 美联储量化宽松货币政策退出的经济分析 [J]. 国际金融研究, 2014（1）: 302-302.

[134] 余华义. 黄燕芬. 货币政策效果区域异质性、房价溢出效应与房价对通胀的跨区影响 [J]. 金融研究, 2015（02）: 95-113.

[135] 余永定. M2/GDP 的动态增长路径 [J]. 世界经济, 2002,（12）: 3-13.

[136] 张杰. 中国的货币化进程、金融控制及改革困境 [J]. 经济研究, 1997,（08）: 21-26+79.

[137] 张杰, 晓鸥. 中国的高货币化之谜 [J]. 经济研究, 2006（6）: 59-69.

[138] 张文.经济货币化进程与内生性货币存量——关于中国高 M2/GDP 比率的货币分析 [J]. 金融研究，2008，（02）：13-32.

[139] 张曙光，张平.化解金融风险，防范外部冲击 [J]. 金融研究，1998，（04）：23-28.

[140] 张延.中国财政政策的"挤出效应"——基于 1952—2008 年中国年度数据的实证分析 [J]. 金融研究，2010（1）：58-66.

[141] 赵留彦，王一鸣.中国货币流通速度下降的影响因素：一个新的分析视角 [J]. 中国社会科学，2005（4）：17-28.

后 记

时光荏苒，三年博士生涯如白驹过隙一般转眼即逝。回头来看，过往的一幕幕如同照片一般浮现在眼前。三年中，幸运的是我遇到太多乐于帮助我的人，其中有悉心指教的导师、乐于助人的兄长、热心帮助的同学和在生活中给予太多关心的朋友们，使得所有的困难都变成对性格和能力的磨砺，最终转化为了感谢。

首先，我由衷地感谢我的博士生导师杜亚斌教授。杜老师从生活到学术上给予了我们莫大的帮助。从寝室生活到博士工作室的学术作息，杜老师在生活中给予了我们无微不至的关怀，目的就是为了让我们保持一个健康的心态来对待学术过程中可能遇到的困难。在学术指导方面，杜老师同样以无比的耐心和严谨态度鼓励我们脚踏实地、勇敢探索。对于一个从管理跨越到金融领域的我来说，杜老师耐心地向我传授金融知识，弥补我在金融基础知识上的不足。为了让我们有一个系统的把握，杜老师鼓励我们不放过任何一个细节，更加重要的是，对待每一个值得探讨的问题，杜老师总是愿意花费大量时间向我们展示他对于问题的看法，并鼓励我们提出自己的问题。对于我们所提出的每一个问题，杜老师总是竭尽所能给予最大帮助，这在帮助我们提高学术水平的同时也增加了我们的学术自信，让我们感觉背后有无比强力的支持。另外杜老师的治学精神更是开拓了我的学术视野、改变了我对待人生的态度，杜老师对权威的质疑精神鼓励我在理论探索中敢于怀疑，杜老师严谨的学术态度教导我在学术和生活当中都要脚踏实地；记得每次进行师门讨论会时，杜老师都会精心准备茶点招待我们，再一次体现了对学生无微不至的关怀；杜老师对于"自求多福"的教导更是改变了我的人生态度，让我在以后的生活中受用无穷。

其次，感谢金融系张涤新教授、张谊浩教授、裴平教授、林辉教授、曹勇教授、方先明教授、于润教授、张兵教授、蒋或副教授在学习、科研程中给予我的

后 记

帮助与指导。张涤新教授一丝不苟、严肃认真；张谊浩教授文思敏捷、高屋建瓴；裴平教授掷地有声、高瞻远瞩；林辉教授治学严谨、态度诚恳；曹勇教授儒雅风趣、严谨踏实；方先明教授兢兢业业、和蔼可亲；于润教授平易近人、踏实勤勉；张兵教授踏实可靠、勤勉上进；蒋彧老师尽心尽力、无微不至。以上老师在我三年读博过程中都付出了辛勤的汗水，对我的在生活和学习给予支持和帮助，他们踏实勤勉、严谨治学的态度值得我终生学习。

再次，要感谢在学术和生活中给予的我帮助与支持的师兄师姐们。李鹏师兄一直以来在学术上的不断鼓励，才使得我有了向真理不断探索的勇气，李鹏师兄在生活和学习中的很多建议使得我少走了许多弯路；金雯雯在学术上的成就一直是我们学习的榜样；毛德勇师兄对待工作和学术的精神鞭笞着我不断向前；薛立国师兄对学术的严谨态度使我感受到自己的不足，同门张润驰的优秀鼓励我在学术上不断探索。此外还要感谢1922工作室的每一位博士研究生：章安辰、陈慰、虞文微、周斌、何飞、印文、朱桂宾、吴心弘、于琴、孙明明、傅顺、徐硕正、朱红兵为工作室营造了良好的学术氛围；感谢李伯均师兄曾经用可口的西班牙菜来招待我们，使我在学术生活之余得以感受到异国他乡的风情；感谢我的两个室友杨旸和孔令池，在三年的学习和生活中对于我的宽容和忍耐，你们在学术的成就和治学态度将勉励我继续奋斗。

最后，要感谢我的家人，能够走到今天和他们的支持分不开。感谢我的父母一直在背后的大力支持，我的父亲是一位高中数学教师，或许是出生在教育家庭的原因，从小父母就将我的教育问题放在首位，所以一直到我读完博士，父母都没有给我过生活上的压力，使我可以安心在学校专心科研；感谢我的父亲，从小对我的严厉，父亲从小对我在数学上的培养使我之后的学习中对于复杂的数学公式并没有第一时间心生畏惧，并且具备一定的分析能力，这一点也是促使我最终选择经济学作为博士学科的重要原因；感谢我的母亲，从小对我性格上的培养，使得从小内向我可以主动和别人交往，改善人际关系，这在相对枯燥的学术生涯中不失为调节心态和情绪的重要方面。特别感谢我的妻子——孔颖女士对我的大力支持，孔颖女士对生活整洁的高要求为我塑造了一个舒适的生活环境，孔颖女士对生活的乐观态度，给我带来生活中的愉悦和精神上的放松，同时她在精神上给我的支持让我在科研过程中没有后顾之忧。

感谢南大，不登高山，不知众山小；不入深谷，不知世之奇。南京大学作为国内顶尖学府，让我能够站在巨人肩膀上看待世界，我的认识观、哲学观因此而改变。最重要的是在这里还结识了许多值得学习的老师、朋友。

前路漫漫，对于学术之路，吾将保持严谨的态度，坚韧的精神不断探索。

谨以此文献给所有的老师、同学、朋友们。

徐源浩
2023年10月